북즐아트북 시리즈 12

악필 교정의 끝판왕

궁서체 붓펜의 정석 2

차성욱 저

북즐 아트북 시리즈 12

악필 교정의 끝판왕

궁서체 붓펜의 정석 2

펴 낸 날 초판 1쇄 2022년 9월 23일

지 은 이 차성욱
펴 낸 곳 투데이북스
펴 낸 이 이시우
교정·교열 김치연
편집 디자인 박정호
출판등록 2011년 3월 17일 제307-2013-64 호
주   소 서울특별시 성북구 아리랑로 19길 86, 상가동 104호
대표전화 070-7136-5700 팩스 02) 6937-1860
홈페이지 http://www.todaybooks.co.kr
도서목록 https://todaybooks.wixsite.com/todaybooks
페이스북 http://www.facebook.com/todaybooks
전자우편 ec114@hanmail.net

ISBN 979-11-978920-1-1 13640

ⓒ 차성욱

- 책값은 표지 뒷면에 있습니다.
- 이 책은 투데이북스가 저작권자와의 계약에 따라 발행한 것으로 허락 없이 복제할 수 없습니다.
- 파본이나 잘못 인쇄된 책은 구입하신 서점에서 교환해 드립니다.

북즐아트북시리즈 12

악필 교정의 끝판왕
궁서체 붓펜의 정석 2

차성욱 저

투데이북스
TodayBooks

글씨를 잘 쓰는 방법과
글씨를 잘못 쓰는 이유

독자님들은 지금 당장 고양이 그림이나 강아지 그림을 그려보라고 하면 잘 그릴 수가 있을까요? 평상시에 그렇게 많이 보고 보이는 것이 고양이와 강아지입니다. 그런데 막상 그림을 그려보라고 하면 쉽게 그리기가 어렵습니다.

글씨도 마찬가지입니다.
누구나 살아오면서 좋은 글씨와 멋진 글씨, 훌륭한 글씨와 잘 쓴 글씨를 수없이 봐왔을 것입니다. 그러나 막상 글씨를 써보라고 하면 예쁜 글씨가 잘 안 나옵니다.

도대체 왜 그럴까요?
그것은 글자 하나하나의 법칙과 형태를 안 배웠기 때문입니다. 고양이와 강아지의 눈, 코, 입, 귀, 다리, 몸통, 꼬리, 털, 발톱 등을 먼저 배워야 한다는 것입니다.

유튜브나 SNS 등에는 붓글씨, 각종 손글씨에 대한 정보가 넘쳐 나도록 많습니다. 특히, 붓글씨에 대한 정보도 상당히 많은데, 현시대에 붓글씨를 배우기에는 시간적, 경제적으로 다소 어려움이 많습니다. 학원을 가도 학원비와 시간적 소요가 많고, 집에서 배운다 해도 붓, 벼루, 먹, 화선지, 서진 등의 준비물이 많고, 뒤처리도 여간 부지런하지 않으면 한번 마음먹기조차 싫어서 중간에 포기하는 일이 허다합니다.

그래서 저는, 붓글씨에 가장 가까운 펜!!!

'붓펜'으로 작품도 소개하고, 여태 본 적 없는 세밀하고 유익한 책을 출간하게 되었습니다. 물론, 세필 붓펜, 매직 펜, 각종 펜, 연필 등도 악필 교정이 가능합니다. 붓펜 글씨만 배우고 나면, 다른 어떠한 펜글씨 등도 자동으로 배워진다는 사실 중의 사실!!!

붓펜의 가장 큰 장점은 뭐니 뭐니 해도 간편하고 간소함입니다.
붓펜 한 자루와 종이 한 장만 있으면 언제든지 연습 가능합니다. 비용도 붓펜 한 자루와 연습용 5칸 노트나 이면지만 있으면 끝납니다.

지금까지 예쁜 글씨, 손글씨, 악필 탈출, 글씨 잘 쓰는 법 등에 관심이 있으신 분들이나, 글쓰기에 도전하셨는데 실패하셨던 분들이 계신다면, 이번 기회를 놓치지 마시기 바랍니다.

저를 믿고 따라와 보세요.
누구나 손글씨를 정말 잘 쓰실 수가 있습니다.

청암체 붓펜 글씨!
꼭 보고 도전해 보세요!

2022년 9월
청암 차성욱

말머리 ··· 4

088강 ㅏ자 쓰는 방법 설명 ··· 10

089강 ㅏ자(가, 나, 다, 라, 마, 바, 사, 아, 자, 차, 카, 타, 파, 하) ··· 18

090강 ㅑ자 쓰는 방법 설명 ··· 23

091강 ㅑ자(갸, 냐, 댜, 랴, 먀, 뱌, 샤, 야, 쟈, 챠, 캬, 탸, 퍄, 햐) ··· 29

092강 ㅓ자 쓰는 방법 설명 ··· 33

093강 ㅓ자(거, 너, 더, 러, 머, 버, 서, 어, 저, 처, 커, 터, 퍼, 허) ··· 39

094강 ㅕ자 쓰는 방법 설명 ··· 43

095강 ㅕ자(겨, 녀, 뎌, 려, 며, 벼, 셔, 여, 져, 쳐, 켜, 텨, 펴, 혀) ··· 49

096강 ㅗ자 쓰는 방법 설명 ··· 53

097강 ㅗ자(고, 노, 도, 로, 모, 보, 소, 오, 조, 초, 코, 토, 포, 호) ··· 59

098강 ㅛ자 쓰는 방법 설명 ··· 63

099강 ㅛ자(교, 뇨, 됴, 료, 묘, 뵤, 쇼, 요, 죠, 쵸, 쿄, 툐, 표, 효) ··· 68

100강 ㅜ자 쓰는 방법 설명 ··· 72

101강 ㅜ자(구, 누, 두, 루, 무, 부, 수, 우, 주, 추, 쿠, 투, 푸, 후) ··· 77

102강 ㅠ자 쓰는 방법 설명 · · · 81

103강 ㅠ자(규, 뉴, 듀, 류, 뮤, 뷰, 슈, 유, 쥬, 츄, 큐, 튜, 퓨, 휴) · · · 87

104강 가로획(그, 느, 드, 르, 므, 브, 스, 으, 즈, 츠, 크, 트, 프, 흐) · · · 90

105강 세로획(기, 니, 디, 리, 미, 비, 시, 이, 지, 치, 키, 티, 피, 히) · · · 93

106강 초성 쌍자음(ㄲ, ㄸ, ㅃ, ㅆ, ㅉ) · · · 96

107강 각낙닥락막박삭악작착칵탁팍학 · · · 100

108강 간난단란만반산안잔찬칸탄판한 · · · 104

109강 갇낟닫랃맏받삳앋잗찯캳탇팓핟 · · · 107

110강 갈날달랄말발살알잘찰칼탈팔할 · · · 110

111강 감남담람맘밤삼암잠참캄탐팜함 · · · 113

112강 갑납답랍맙밥삽압잡찹캅탑팝합 · · · 116

113강 갓낫닷랏맛밧삿앗잣찻캇탓팟핫 · · · 119

114강 강낭당랑망방상앙장창캉탕팡항 · · · 122

115강 갖낮닺랒맞밪샂앚잦찾캊탖팢핮 · · · 125

116강 갗낯닻랓맟밫샇앛잧찿캋탗팣핯 · · · 128

117강 갘낰닼랔맠밬샄앜잨챀캌탘팤핰 · · · 131

118강 같낱닽랕맡밭샅앝잩챁캍탙팥핱 · · · 134

119강 갚낲닾랖맢밮샆앞잪챂캎탚팦핲 · · · 137

120강 갛낳닿랗맣밯샇앟잫챃캏탛팧핳 · · · 140

121강 겹받침(ㄳ, ㄵ, ㄶ, ㄺ, ㄻ, ㄼ, ㄽ, ㄾ, ㄿ, ㅀ, ㅄ) · · · 143

122강 작품 감상	··· 146
123강 중성 이중모음(ㅐ, ㅒ, ㅔ, ㅖ, ㅘ, ㅙ, ㅚ, ㅝ, ㅞ, ㅟ, ㅢ)	··· 147
124강 짧은 문장 쓰기 1	··· 150
125강 짧은 문장 쓰기 2	··· 152
126강 짧은 문장 쓰기 3	··· 154
127강 짧은 문장 쓰기 4	··· 156
128강 짧은 문장 쓰기 5	··· 158
129강 짧은 문장 쓰기 6	··· 161
130강 경조사 봉투 써보기 1	··· 164
131강 경조사 봉투 써보기 2	··· 166
132강 경조사 봉투 써보기 3	··· 168
133강 경조사 봉투 써보기 4	··· 170
134강 경조사 봉투 써보기 5	··· 172
135강 경조사 봉투 써보기 6	··· 174
136강 작품 감상	··· 176
137강 세로로 문장 쓰기의 이론	··· 177
138강 긴 문장 쓰기 1	··· 180
139강 긴 문장 쓰기 2	··· 183
140강 긴 문장 쓰기 3	··· 186
141강 긴 문장 쓰기 4	··· 190

142강 긴 문장 쓰기 5	••• 192
143강 긴 문장 쓰기 6	••• 194
144강 긴 문장 쓰기 7	••• 196
145강 8칸 노트로 작은 글씨 연습하기	••• 199
146강 낙관 전과 낙관 후의 작품 비교	••• 201
147강 나만의 예쁜 낙관	••• 204

부록 궁서체 글씨 작품 감상

1. 여성시대에 사연 투고	••• 210
2. 반야심경	••• 215
3. 기타 작품들	••• 218

ㅏ자 쓰는 방법 설명

드디어 자음이 모두 끝나고 모음에 들어가는 시간입니다.

이번 시간은 모나미 붓펜 글씨 쓰기 모음 중에서 'ㅏ'자 쓰기를 하겠습니다.

모든 모음은 제일 처음에 배웠던 세로획과 가로획이 거의 전부이며, 세로획에 점획을 어떻게 찍느냐를 배울 것입니다.

ㅏ자는 새로운 글자가 아니라 세로획에다가 점획을 하나 찍으면 됩니다. ㅏ자에 쓰이는 세로획 강의를 다시 들어보고 이 강의를 들으면 이해가 빠르고 훨씬 재미도 있으리라 생각됩니다. 그럼 ㅏ에 쓰이는 '아빠 과자'를 적어보겠습니다.

ㅏ자 쓰는 법칙에 대해 설명하겠습니다.

❶ 세로획에 붓펜 끝을 가볍고 약하게 댑니다.

먼저 세로획을 하나 예쁘게 완성해 봅니다. ㅏ점은 세로획에 붓펜 끝을 가볍고 가늘게 대어 시작을 해야 합니다. 세로획에 두껍게 대어 시작을 하면 궁서체의 가냘픈 맛이 사라집니다.

제가 세로획에 가늘게 댄 것과 두껍게 댄 것을 적어보겠습니다. 여러분들도 같이 한 번 비교를 해보기 바랍니다.

이처럼 ㅏ자 점획은 세로획에 가늘고 약하게 대어서 시작을 해야 궁체의 아름다움을 한층 돋보이게 합니다.

❷ 세로획에 평점을 찍고, 아래로 약간 처질 듯 눌러 마무리를 합니다.

ㅏ점의 방향은 약간 아래 방향으로 쳐다보는 형상입니다. 그러기 위해서 처음에는 평점을 가는 방향으로 찍고, 그다음에는 아래 방향으로 약간 처지는 듯하게 눌러서 마무리하고 붓펜을 떼면 됩니다.

일반 펜글씨를 보면 위 방향으로 많이들 하는데, 펜글씨에서는 붓글씨나 붓펜처럼 두껍고 가느다란 표현이 어렵기에 힘을 강조하기 위해서 그렇게 쓰기도 합니다. 하지만, 붓글씨나 붓펜에서는 쳐다보는 방향이 약간 아래로 향하는 게 원칙입니다. 왜냐면, 점획을 자세히 보면 윗줄은 위로 향하고 아래선은 아래로 향하다가 제일 끝부분 방향은 약간 아래로 쳐다보는듯 하여 글자의 안정감을 주기 위해서입니다. 가로획 끝부분과 같은 이치입니다.

❸ 점획의 모양은 가로획의 끝부분을 세로획에 약하게 접하여 붙인 것입니다.

점획의 모양은 가로획의 끝부분과 유사합니다. 가로획 끝부분을 그대로 옮겨 놓고 응용하면 모양이 똑같습니다.

❹ 점은 좌측의 초성 글자 밑 부분과 맞추어 시작합니다(일반적으로 2/3지점).

세로획의 ㅏ자 점획은 일반적으로 세로획의 2/3지점쯤에서 시작을 하면 되는데, 좌측에 자음이 들어갈 때는 초성 글자 밑 부분과 맞추어 쓰면 더 정확합니다. 좌측 자음에 맞출 때는, 점획의 위치가 1/3지점보다 약간 아래위로 움직여도 상관은 없습니다.

어떤 책이나 온라인상에서 설명하기로는 청암체 붓펜처럼 맞추는 것이 아니고 초성의 밑부분과 점획의 밑부분을 맞추라고 하는데 이렇게 맞추기가 쉽지가 않겠죠?

제가 설명하는 방법으로 맞추어서 쓰면 점획의 밑부분과 초성의 밑부분도 맞아떨어집니다. 앞으로 점획 시작점과 방향은 제가 설명한 방법으로 쓰길 추천합니다.

❺ 나무에 나뭇잎이 달려있는 형상처럼 세로획에 떨어질 듯, 말 듯 최대한 가늘게 붙입니다(반대로, ㅓ자의 점획은 세로획에 두껍고 확실하게 붙입니다).

ㅏ자 점획을 조금 더 쉽게 쓰려면, 나무에 나뭇잎이 달려 있는 형상을 생각하면서 써보세요. 나무에 달린 나뭇잎은 아주 가늘게 붙어 있듯이 세로획에서 떨어질 듯, 말 듯하게 최대한 가늘게 붙여서 쓰면 궁체의 맛이 살아납니다.

반대로 ㅓ자 점획은 세로획에 두껍고 확실하게 붙여 써야 합니다. 여러분들도 나뭇잎을 보면서 어떻게 달려 있는지 잘 관찰해 보시기 바랍니다.

❻ 잘못된 예시를 보면서 ㅏ자를 연습합니다.

제가 잘못된 예시를 몇 가지 들어봤습니다. 잘못된 예시는 자기 스스로 잘못된 것을 인지

하고 교정하는 효과도 있을뿐더러 기억에 오랫동안 남아 있어 많은 도움이 되리라고 생각합니다. 잘못된 예시는 글자를 쓰다 보면 누구나 틀릴 수 있는 예시이기도 합니다. 그러니 꼭, 관심 있게 봐주세요.

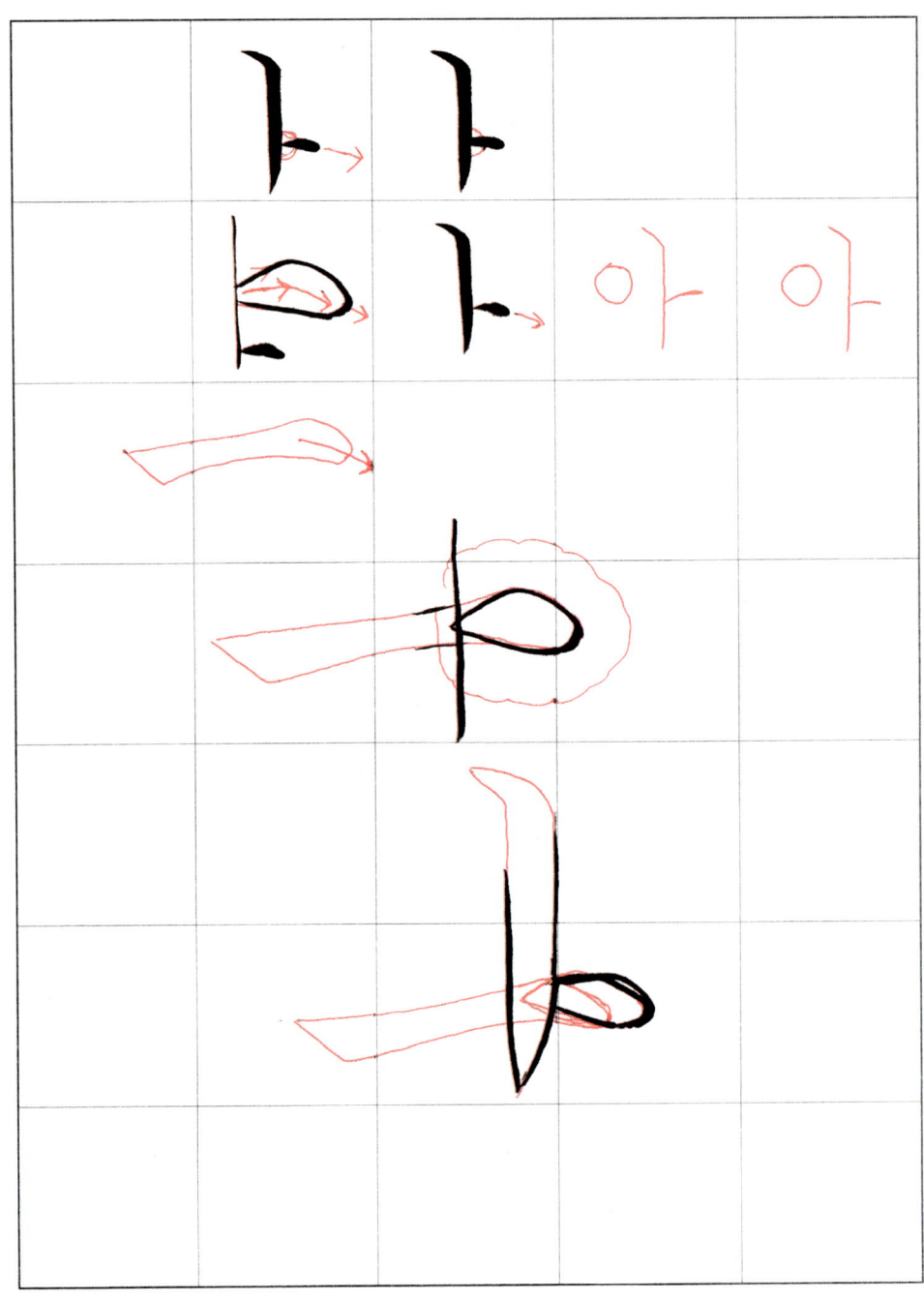

ㅏ 라 아 락
(ㅇ)

ㅏ

점 획 의

모 양 은

가 로 획

끝 부 분

청암체(붓펜) 정자체 상세 설명

꾸준함만 있으면 반드시 좋은 글씨로 발전하는 것을 확인하실 수 있습니다   유튜브 아빠글씨

꺾획의 모양은 가로획 끝부분과 유사하다.

나무에 나뭇잎이 달려있는 형상처럼 세로획에서 떨어질듯 말듯 최대한 가늘게 붙인다.

1등분

2등분

꺾획 방향은 약간 끝방향으로 향한다.

세로획의 1/3지점

3등분

초성의 밑부분 위치에서 시작한다.

아 빠 괴 자

청암체 "붓펜" 잘못 쓰인 예시

꾸준함만 있으면 반드시 좋은 글씨로 발전하는 것을 확인하실 수 있습니다   유튜브 아빠글씨

아   정상적인 ㅏ자.

아   점획 위치는 가운데가 아니고, 초성의 밑부분 위치에서 시작한다.

아   점획이 세로획에 너무 두껍게 접하여 졌다.

아   점획은 가로획에서 가늘게 "접하여" 시작한다.

아   점획의 방향은 수평으로 가다가 밑방향으로 마무리 한다.

청암체(붓펜) 정자체 체본

꾸준함만 있으면 반드시 좋은 글씨로 발전하는 것을 확인하실 수 있습니다   유튜브 아빠글씨

아

빠

과

자

| 청암체 "붓펜" 글씨 잘쓰는 법 설명 |
| 꾸준함만 있으면 반드시 좋은 글씨로 발전하는 것을 확인하실 수 있습니다   유튜브 아빠글씨 |

1. 세로획에 붓펜 끝을 가볍고 약하게 대어
2. 세로획에 평점을 찍고, 아래로 약간 처질 듯 눌러 마무리를 한다.
3. 점획의 모양은 가로획의 끝부분을 세로획에 약하게 접하여 붙힌 것이다.
4. 점은 좌측의 초성 글자 밑부분과 맞추어 시작한다.
5. 나무에 나뭇잎이 달려있는 형상처럼 세로획에 떨어질듯 말듯 최대한 가늘게 붙인다.
6. 잘못된 예시를 기억하며 "ㅏ"자를 연습한다.

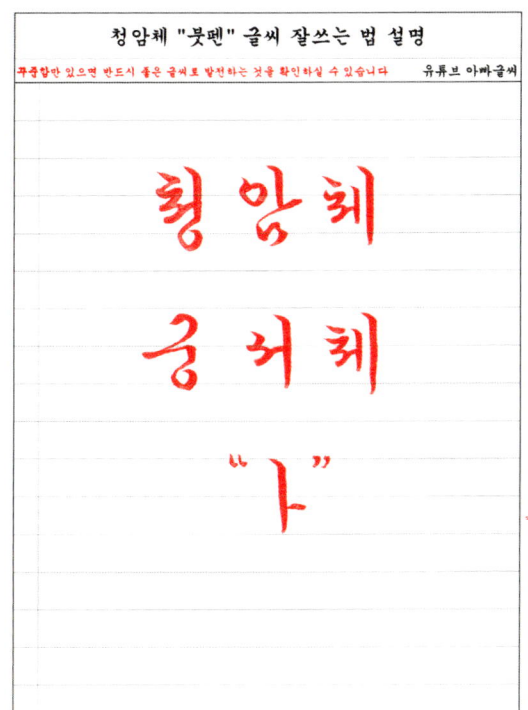

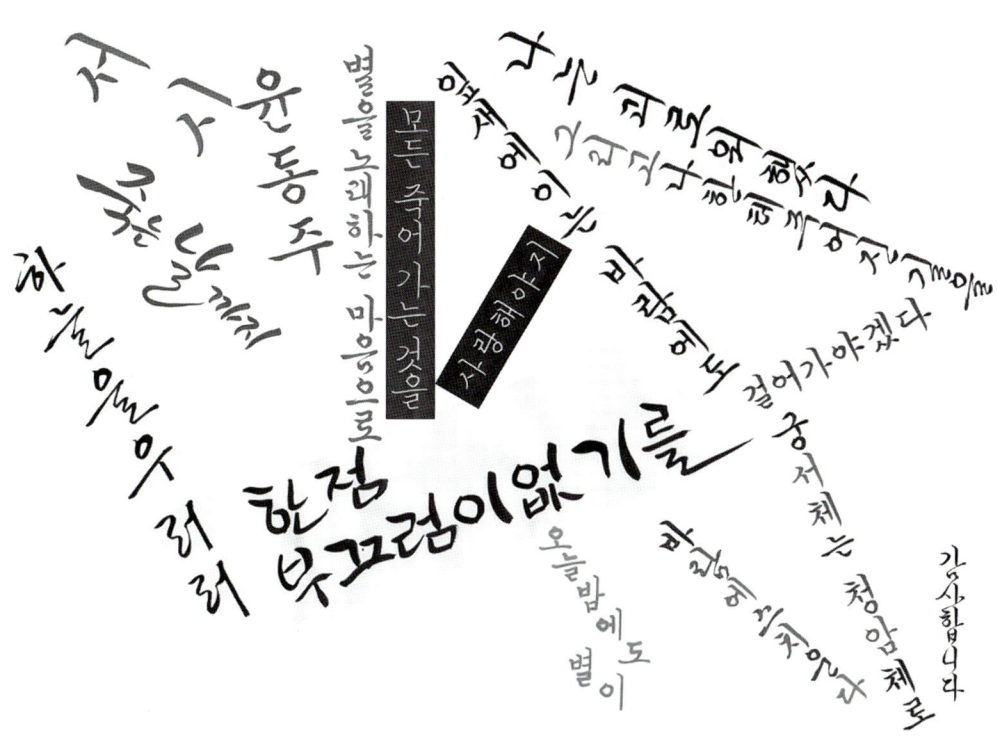

ㅏ자 궁서체 (정자체) | 17

ㅏ자
(가,나,다,라,마,바,사,아,자,차,카,타,파,하)

　이번 시간은 앞 시간에 배운 ㅏ자를 이용하여 글자의 조합으로 '가, 나, 다, 라, 마, 바, 사, 아, 자, 차, 카, 타, 파, 하'를 적어보는 시간을 가져보도록 하겠습니다.

　이 글자들은 ㄱ에서 ㅎ까지를 쓰고 ㅏ자를 합치면 이루어지는 구조입니다. 제일 중요한 가로획이나 세로획은 별도로 설명을 더 들어보고 연습하길 추천합니다.

　먼저 모든 글자는 한 칸 안에 70%~80% 정도 차지한다고 생각하며 크기를 조절해 주세요. 가로 3cm와 세로 3cm의 크기에 100%를 다 넣는다면 글자들이 다닥다닥 붙어 보여서 보기에 안 좋아 보이고, 가장 좋은 크기가 그 칸 안의 70%~80% 정도입니다.

청암체(붓펜) 정자체 체본

꾸준함만 있으면 반드시 좋은 글씨로 발전하는 것을 확인하실 수 있습니다   유튜브 아빠글씨

가				
나				
다				
라				
마				
바				
사				

청암체(붓펜) 정자체 체본

꾸준함만 있으면 반드시 좋은 글씨로 발전하는 것을 확인하실 수 있습니다   유튜브 아빠글씨

아
자
차
카
타
파
하

89강 ㅏ자 (가, 나, 다, 라, 마, 바, 사, 아, 자, 차, 카, 타, 파, 하)

청암체 "붓펜" 글씨 잘쓰는 법 설명

꾸준함만 있으면 반드시 좋은 글씨로 발전하는 것을 확인하실 수 있습니다 유튜브 아빠글씨

1. ㄱ 자음 위에 것은 약간 윗방향으로, 아랫 것은 약간 밑쪽으로 향하듯이 찍는다.
2. ㅇ 자음의 모양은 ㅏ 자의 점획과 똑같다.
3. ㅑ 자를 똑같이 수평이 되게 써보면 서로 불고 공간이 복잡하게 되어 안쪽에는 평행에 가깝게 하여 눈으로 보기에 편안함을 만들어 주는 것이다.
4. 세로획의 3, 2/3 부분에서 시작점을 놓는다
5. 잘못된 예시를 기억하며 ㅑ 자를 연습한다.

청암체 "붓펜" 글씨 잘쓰는 법 설명

꾸준함만 있으면 반드시 좋은 글씨로 발전하는 것을 확인하실 수 있습니다 유튜브 아빠글씨

청암체 궁서체

ㅑ 자 설명

ㅑ자 쓰는 방법 설명

이번 시간은 모나미 붓펜 글씨 쓰기 모음 중에서 'ㅑ'자 쓰기를 하겠습니다.

ㅑ자는 앞에서 배운 ㅏ자에 점획을 위에 하나 더 붙이면 됩니다. ㅑ에 쓰이는 '야, 냐, 햐'자를 적어보겠습니다.

ㅑ자 쓰는 법칙에 대해 설명하겠습니다.

❶ **두 점은, 위에 있는 점은 약간 위 방향으로, 아래 점은 약간 밑쪽으로 향하듯이 찍습니다.**

먼저 세로획을 하나 예쁘게 써봅니다. ㅑ획은 앞의 ㅏ획에 위에 점획을 하나만 더 추가하면 완성되는 모음입니다.

위점획은 약간 위로 향하듯이 긋고, 아래점획은 약간 밑쪽으로 향하듯이 마무리합니다. 위점획은 옆으로 보는 방향으로 해도 되는데 약간 위로 향하는 듯해야 처지지 않아서 이렇게 설명을 하는 것입니다. 그래야 위점과 아래점의 공간이 복잡하지 않고 깔끔하게 마무리가 됩니다.

❷ **점획의 모양은 ㅏ자의 점획과 같습니다.**

ㅏ자 점획은 세로획에 붓펜 끝을 가볍고 가늘게 대어 시작을 해야 하고 세로획에 두껍게 대어 시작을 하면 궁서체의 가냘픈 맛이 사라진다고 했는데 쓰는 방식은 위점획도 아래의 점획과 똑같습니다. 단지, 방향만 위로 또는 옆으로 향하는 차이입니다. ㅏ자의 점획 끝부분 방향은 약간 아래로 쳐다보는듯하여 글자의 안정감을 주기 위해서라고 했고, 가로획과 같은 이치입니다.

❸ **ㅑ자를 똑같이 수평이 되게 써보면 서로 붙고 공간이 복잡하게 되어, 안쪽에는 평행에 가깝게 하여 눈으로 보기에 편안함을 만들어 주는 것입니다.**

확대하여 ㅑ자 점획을 적어보면 점획 방향에 따라 공간의 차이가 납니다. 두 점획을 똑같이 수평이 되게 써보겠습니다. 그러면 이 점획 간의 공간 안이 좀 복잡하게 보입니다.

다음은 위점획은 약간 위로 향하고, 아래점획은 약간 아래로 향하도록 해보겠습니다. 위점획은 위로 향하고 아래점획은 아래로 향하게 하면 보시다시피 공간 사이가 거의 수평이 되게 됩니다. 그러면 두 공간 사이가 평행에 가깝게 되어 눈으로 보기에 안정감을 주어 편안함을 느끼게 해줍니다.

결론을 내리자면, ㅑ자 점획의 위점획은 방향이 수평이나 약간 위로 향하고 밑의 점획은 방향이 약간 아래로 쳐다보는 방향으로 하면 되겠습니다. ㅑ자 점획은 앞으로 이렇게 쓰길 추천합니다.

❹ 세로획의 1/3, 2/3 부분에서 시작점을 놓습니다.

ㅑ자 점획은 일반적으로, 위점획은 세로획의 1/3지점, 아래점획은 2/3지점에서 시작을 합니다. 좌측에 자음이 들어갈 때는 아래점획을 초성 글자 밑 부분과 맞추어 쓰면 더 정확합니다. 좌측 자음에 맞출 때는, 위점획의 위치가 1/3지점보다 약간 밑으로 내려와도 상관은 없고, 밑점획이 2/3지점보다 밑으로 내려와도 상관은 없습니다.

❺ 잘못된 예시를 보면서 ㅑ자를 연습합니다.

청암체(붓펜) 정자체 상세 설명

꾸준함만 있으면 반드시 좋은 글씨로 발전하는 것을 확인하실 수 있습니다　　유튜브 아빠글씨

1/3 지점
약간 윗방향
1등분

점획의 모양은 가로획 끝부분과 유사하다.
(나무에 나뭇잎이 달려있는 형상처럼 최대한 가늘게 붙인다)

2등분

2/3 지점
초성의 밑부분 위치에서 시작한다.
약간 밑방향
3등분

야 나 햐

청암체 "붓펜" 잘못 쓰인 예시

꾸준함만 있으면 반드시 좋은 글씨로 발전하는 것을 확인하실 수 있습니다   유튜브 아빠글씨

야   정상적인 ㅑ자.

야   점획 위치는 윗점획 1/3지점, 밑점획 2/3 지점에서 시작한다.

야   점획 2개가 세로획에서 너무 두껍게 접하여 졌다.

야   점획은 세로획에서 가늘게 접하여 시작한다.

야 (O)
  (X)   윗점획은 수평 또는 약간 윗방향, 아래 점획은 ㄴ자 점획과 같이 약간 밑방향으로 마무리 한다.

청암체(붓펜) 정자체 체본

꾸준함만 있으면 반드시 좋은 글씨로 발전하는 것을 확인하실 수 있습니다 유튜브 아빠글씨

야

나

하

ㅑ자
(갸, 냐, 댜, 랴, 먀, 뱌, 샤, 야, 쟈, 챠, 캬, 탸, 퍄, 햐)

이번 시간은 앞 시간에 배운 ㅑ자를 이용하여 글자의 조합으로 '갸, 냐, 댜, 랴, 먀, 뱌, 샤, 야, 쟈, 챠, 캬, 탸, 퍄, 햐'를 적어보는 시간을 가져보도록 하겠습니다.

이 글자도 마찬가지로 ㄱ에서 ㅎ까지를 쓰고 ㅑ를 합치면 이루어지는 구조입니다. 제일 중요한 가로획이나 세로획은 별도로 설명을 더 들어보고 연습하길 추천합니다.

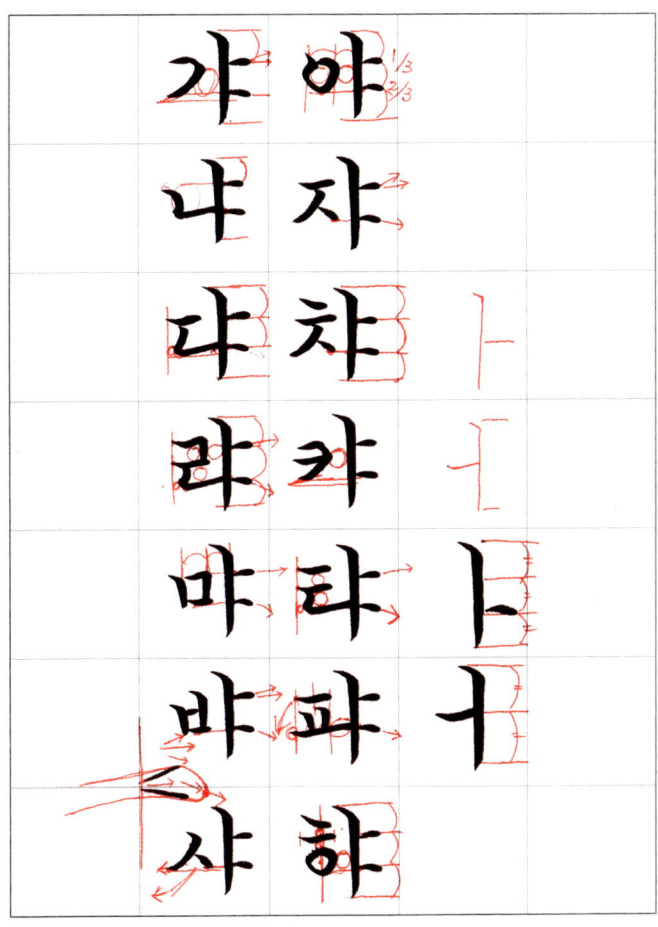

청암체(붓펜) 정자체 체본

꾸준함만 있으면 반드시 좋은 글씨로 발전하는 것을 확인하실 수 있습니다   유튜브 아빠글씨

갸	갸	갸	갸	갸
냐	냐	냐	냐	냐
댜	댜	댜	댜	댜
랴	랴	랴	랴	랴
먀	먀	먀	먀	먀
뱌	뱌	뱌	뱌	뱌
샤	샤	샤	샤	샤

청암체(붓펜) 정자체 체본

꾸준함만 있으면 반드시 좋은 글씨로 발전하는 것을 확인하실 수 있습니다   유튜브 아빠글씨

야 야 야 야 야
쟈 쟈 쟈 쟈 쟈
챠 챠 챠 챠 챠
캬 캬 캬 캬 캬
탸 탸 탸 탸 탸
퍄 퍄 퍄 퍄 퍄
햐 햐 햐 햐 햐

91강 ㅑ자 (갸, 냐, 댜, 랴, 먀, 뱌, 샤, 야, 쟈, 챠, 캬, 탸, 퍄, 햐)

청암체 "붓펜" 글씨 잘쓰는 법 설명

꾸준함만 있으면 반드시 좋은 글씨로 발전하는 것을 확인하실 수 있습니다   유튜브 아빠글씨

1. 점획의 방향은 약간 위로 치켜 쓰며, 끝부분은 세로획에 확실하게 붙인다.
2. 가로획의 앞쪽부분과 같은 모양으로 하되, 머리 부분을 짧게 하고 각도를 더 세운다.
3. 자음과 세로획 사이의 좁은 공간에서 모양을 그대로 유지하기 위함이다.
4. 점획은 좌측의 초성글자 중간 부분과 맞추거나 아랫 방향을 약간 길게 쓴다.
5. 잘못된 예시를 기억하며 ㅓ자를 연습한다.

청암체 "붓펜" 글씨 잘쓰는 법 설명

꾸준함만 있으면 반드시 좋은 글씨로 발전하는 것을 확인하실 수 있습니다   유튜브 아빠글씨

청암체 궁서체

"ㅓ"자 설명

ㅓ자 쓰는 방법 설명

이번 시간은 모나미 붓펜 글씨 쓰기 모음 중에서 'ㅓ'자 쓰기를 하겠습니다.

ㅓ자는 새로운 글자가 아니라 세로획 앞에 점획을 하나 찍으면 됩니다. ㅏ자와 똑같이 세로획 강의를 한 번 더 들어보고 이 강의를 보면 좋겠습니다. 그럼 ㅓ에 쓰이는 '어, 머, 정, 말'자를 적어보겠습니다.

ㅓ자 쓰는 법칙에 대해 설명하겠습니다.

❶ **점획의 방향은 약간 위로 치켜 쓰며, 끝부분은 세로획에 확실하게 붙입니다.**

모든 가로획은 우상향 5도인데 이 점획도 그렇게 쓰면 됩니다. 첫 시작점부터 약간 위로 치켜 쓰면 되고, 또 중요한 것이 ㅏ자에서는 점획을 세로획에 가늘게 붙여 쓰는데 비해 ㅓ자 점획 끝부분은 세로획에 두껍게 완전히 붙여 써야 합니다. ㅏ자 점획과 같이 가늘게 붙여 쓴다면 글자가 미완성된 느낌이 되어 버립니다. 중요한 부분이니 ㅏ자와 ㅓ자 점획을 잘 기억하길 바랍니다.

❷ **가로획의 앞쪽 부분과 같은 모양으로 하되, 머리 부분을 짧게 하고 각도를 더 세웁니다.**

ㅓ자 점획은 가로획의 앞부분을 그대로 옮겨 놓으면 됩니다. 가로획 쓰는 방식과 똑같은 방식으로 앞부분을 완성하고 세로획이 내려와서 겹칠 부분까지 내어줍니다. 끝부분은 세로획이 내려오면서 깨끗하게 덮어주므로, 끝부분 모양은 크게 신경을 안 써도 되지만, 세로획에는 같은 굵기로 확실하게 접해져야 합니다.

여기서 팁을 하나 드리자면, 점획을 그어서 세로획으로 덮었을 때 점획 끝부분이 살짝 모자라는 경우가 많습니다. 왜냐면, 점획이 너무 길어버리면 세로획을 완성하여도 세로획 바깥으로 이 점획이 돌출할 수 있기에 염려를 하기 때문입니다. 그래서 끝점을 살짝 위로 치켜세우면 점획 윗부분이 확실하게 덮이는 모양새가 나옵니다. 그리고 머리 부분을 짧게 하며 가로획보다 각도를 더 크게 세워서 써야 합니다. 그렇지 않으면 가로획 모양이 세로획에 덮여 버려서 점획 모양이 제대로 나타나지 않습니다. 예를 들어 머리 부분을 짧게 해 각도를 더 크게 적어보겠습니다.

❸ 자음과 세로획 사이의 좁은 공간에서 모양을 그대로 유지하기 위함입니다.

❷번의 설명처럼 쓰는 이유를 설명하는 것입니다. 점획을 써보면 점획 쓸 공간이 많이 부족합니다. 즉, 앞 자음과 세로획 사이의 공간이 좁아서 모양을 제대로 내기가 힘듭니다. 그러므로 가로획 앞부분 모양을 유지하면서 좁은 공간에서 적을 방법은, 머리 부분을 짧게 하여 가로획보다 각도를 더 크게 세워서 쓰는 방법입니다. '머'자를 써보겠습니다.

❹ 점은 좌측의 초성 글자 중간 부분과 맞추거나 아래 방향을 약간 길게 씁니다.

세로획의 ㅓ자 점획은 일반적으로 세로획의 중간지점 정도에서 시작하면 되는데, 좌측에 자음이 들어갈 때는 초성 글자 중간지점에 맞추어 쓰면 됩니다.

또, 좌측 자음에 맞출 때는, 점획의 위치 중간지점에서 아랫부분 세로획 길이가 약간 길어도 상관은 없습니다. 중간지점에서 위, 아래의 세로획 길이가 같은 게 원칙이나 아래의 길이를 살짝 길게 쓰면 글자가 더 안정적으로 느껴집니다. 그러므로 세로획은 중간지점에서 같거나 밑부분을 약간 길게 쓰길 추천합니다. '어'자를 적어보겠습니다.

❺ 잘못된 예시를 보면서 ㅓ자를 연습합니다.

청암체(붓펜) 정자체 상세 설명

꾸준함만 있으면 반드시 좋은 글씨로 발전하는 것을 확인하실 수 있습니다   유튜브 아빠글씨

1. 가로획의 앞부분 모양과 유사하다.
2. 약간 위로 치켜 쓴다.
3. 끝부분은 세로획에 확실하게 붙인다.

세로획의 중간부분

· 길이가 같거나 밑의 길이를 약간 길게 쓴다.

어 머 정 말

청암체 "붓펜" 잘못 쓰인 예시

꾸준함만 있으면 반드시 좋은 글씨로 발전하는 것을 확인하실 수 있습니다   유튜브 아빠글씨

어	정상적인 ㅓ자.
어	ㅓ자 곁획은 세로획에 같은 굵기로 접해야 한다.
어	ㅓ자 곁획은 세로획의 중심부분에 위치하여야 한다.
어	ㅓ자 곁획은 확실한 모양이 나와야하고, 우상향 5도로 향해야 한다.
어	ㅓ자 곁획은 초성 자음과 띄워야 한다.

청암체(붓펜) 정자체 체본

꾸준함만 있으면 반드시 좋은 글씨로 발전하는 것을 확인하실 수 있습니다   유튜브 아빠글씨

어

머

정

말

ㅓ자
(거, 너, 더, 러, 머, 버, 서, 어, 저, 처, 커, 터, 퍼, 허)

이번 시간은 앞 시간에 배운 ㅓ자를 이용하여 글자의 조합으로 '거, 너, 더, 러, 머, 버, 서, 어, 저, 처, 커, 터, 퍼, 허'를 적어보는 시간을 가져보도록 하겠습니다.

이 글자들은 ㄱ에서 ㅎ까지를 쓰고 ㅓ를 합치면 이루어지는 구조입니다. 제일 중요한 가로획이나 세로획은 별도로 설명을 더 들어보고 연습하길 추천합니다.

청암체(붓펜) 정자체 체본

꾸준함만 있으면 반드시 좋은 글씨로 발전하는 것을 확인하실 수 있습니다　　유튜브 아빠글씨

거	거	거	거	거
너	너	너	너	너
더	더	더	더	더
러	러	러	러	러
머	머	머	머	머
버	버	버	버	버
서	서	서	서	서

청암체(붓펜) 정자체 체본

꾸준함만 있으면 반드시 좋은 글씨로 발전하는 것을 확인하실 수 있습니다   유튜브 아빠글씨

어	어	어	어	어
저	저	저	저	저
처	처	처	처	처
커	커	커	커	커
터	터	터	터	터
퍼	퍼	퍼	퍼	퍼
허	허	허	허	허

93강 ㅓ자 (거, 너, 더, 러, 머, 버, 서, 어, 저, 처, 커, 터, 퍼, 허)

청암체 "붓펜" 글씨 잘쓰는 법 설명

꾸준함만 있으면 반드시 좋은 글씨로 발전하는 것을 확인하실 수 있습니다 유튜브 아빠글씨

1. 득 킴의 안쪽 모양은 원형이 아닌 타원형이 될 수 있도록 두 킴을 잘 조화시킨다.
2. 위의 킴은 아래로 없는 듯이 쓰고, 아랫킴은 위로 약간 올라 가는 듯 마무리 한다.
3. 세로획과의 결필 부분에는 가늘지 않고 획의 모양이 그대로 유지되어야 한다.
4. 윗킴과 아랫킴은 서로 포옹 한다는 느낌으로 쓴다.

「ㅕ」자 설명

청암체 궁서체

5. 득 킴의 모양이 세로획을 썼을 때 늘어지지 않고 보존되어야 한다.
6. 득 킴의 위치는 세로획을 3등분 하였을 때 각각 1/3, 1/3 위치이다.
7. 잘못된 예시를 기억하며 ㅕ자를 연습 한다.

ㅕ자 쓰는 방법 설명

모나미 붓펜 글씨 쓰기 모음 중에서 'ㅕ'자 쓰기를 하겠습니다.

ㅕ자는 앞에서 배운 ㅓ자에 점획을 위에 하나 더 붙이면 되는데, ㅓ자 점획과는 모양이 약간 다르다는 것을 기억해 주세요. ㅕ에 쓰이는 '여, 며, 혀'자를 적어보겠습니다.

ㅕ자 쓰는 법칙에 대해 설명하겠습니다.

❶ **두 점의 안쪽 모양은 원형이 아닌 타원형이 될 수 있도록 두 점을 잘 조화시킵니다.**

ㅕ자의 두 점획 안쪽 모양은 다른 점획들과는 조금 다릅니다. 두 점획 사이의 공간에 원형이 아닌, 타원형 럭비공을 넣어보면 비슷하게 맞아떨어집니다. 럭비공을 중간에 두고 위에 점획은 럭비공을 아래로 감싸고 밑의 점획은 럭비공을 위로 감싸는 형태입니다. 붓펜으로 ㅕ자 점획을 쓸 때도 마찬가지로 이런 식으로 쓰면 되겠습니다.

❷ **위의 점은 아래로 엎은 듯이 쓰고 아래점은 위로 약간 올라가는 듯 마무리합니다.**

럭비공 모양을 그대로 따오되, 위의 점은 아래로 엎은 듯이 쓰고 아래점은 살짝 위로 올라가는 듯 마무리를 하면 더 좋습니다. 타원형인 럭비공 모양을 그대로 가져가도 무방합니다.

❸ **세로획과의 접필 부분에는 가늘지 않고 획의 모양이 그대로 유지되어야 합니다.**

ㅓ자의 설명과 마찬가지로, ㅕ자 두 점획을 먼저 그어놓고 세로획을 마무리하였을 때 세로획과 접하는 부위가 가늘지 않고 점획의 모양이 그대로 유지되어야 합니다. 가늘어 버리면 세로획을 마감했을 때 점획의 잘못된 부분이 바로 나타나 버립니다. 그래서 가늘지 않게 같은 굵기로 세로획까지 와야 합니다.

❹ **윗점과 아래점은 서로 포옹한다는 느낌으로 씁니다.**

ㅕ자 점획을 쓸 땐, 윗점은 아래로, 아래점은 위로 럭비공을 포옹한다는 느낌으로 써보세요. 서로 안아준다는 느낌으로 써보면 ㅕ자 점획을 한결 쉽게 표현하실 수가 있습니다. 더 자세하게 설명하면, 위의 점획 밑선은 수평에 가깝게, 밑의 점획 전체는 위로 살짝 올라간다는 느낌으로 쓰면 됩니다. 그렇지 않으면 그냥 럭비공을 중간에 두고 럭비공을 포옹하는 느낌으로 써도 훌륭한 글씨입니다.

❺ **두 점의 모양이 세로획을 썼을 때 묻히지 않고 보존되어야 합니다.**

두 점획을 쓸 땐 미리 묻히는 것까지 감안하여 점획을 약간 더 길게 뽑아주어야 합니다. 그렇다고 세로획 마감에서 세로획 바깥쪽으로 점획이 남아나면 안 되겠습니다. 예를 들어 '려' 자를 적어보겠습니다. 잘된 예와 잘못된 예입니다.

❻ **두 점의 위치는 세로획을 3등분 하였을 때, 각각 1/3, 2/3 위치입니다.**

세로획의 ㅕ자 점획은 일반적으로, 세로획을 3등분 해 위점획은 세로획의 1/3지점, 아래 점획은 2/3지점에서 시작합니다. 밑 점획에서 꼬리 부분이 1/3을 살짝 넘어 서도 상관은 없습니다. 이렇게 쓰면 글자 전체의 조화가 잘 이루어집니다

❼ **잘못된 예시를 보면서 ㅕ자를 연습합니다.**

94강 ㅕ자 쓰는 방법 설명

청암체(붓펜) 정자체 상세 설명

꾸준함만 있으면 반드시 좋은 글씨로 발전하는 것을 확인하실 수 있습니다   유튜브 아빠글씨

수평유지 ◁

타원형
럭비공모양

1/3 등분

2/3 등분

3/3 등분
(조금 길어도 됨)

접획 전체가
위로 올라간다는
느낌으로 쓴다.

※ 두 접획은 세로획과의 접필부분에서 가늘지 않고 획의 모양을 그대로 유지.
※ 윗접과 아랫접은 서로 포용한다는 느낌.

여 며 혀

청암체 "붓펜" 잘못 쓰인 예시

꾸준함만 있으면 반드시 좋은 글씨로 발전하는 것을 확인하실 수 있습니다   유튜브 아빠글씨

여	정상적인 ㅕ자.
여	ㅕ자의 두 접획 안쪽 모양은 타원형인 럭비공처럼 만들어져야 한다.
여	ㅕ자 접획은 초성글자 중심이 기준선이 되어 똑같이 떨어져야 한다.
여	세로획과의 접필부분은 같은 굵기로 접해야 한다.
여	정자체에서 ㅕ자 두 접획은 초성 자음과 띄워야 한다.

청암체(붓펜) 정자체 체본

꾸준함만 있으면 반드시 좋은 글씨로 발전하는 것을 확인하실 수 있습니다   유튜브 아빠글씨

여	여	여	여	여
며	며	며	며	며
혀	혀	혀	혀	혀

ㅕ자
(겨, 녀, 뎌, 려, 며, 벼, 셔, 여, 져, 쳐, 켜, 텨, 펴, 혀)

앞 시간에 배운 'ㅕ'자를 이용하여 글자의 조합으로 '겨, 녀, 뎌, 려, 며, 벼, 셔, 여, 져, 쳐, 켜, 텨, 펴, 혀'를 적어보는 시간을 가져보도록 하겠습니다.

이 글자들은 ㄱ에서 ㅎ까지를 쓰고 ㅕ를 합치면 이루어지는 구조입니다. 제일 중요한 가로획이나 세로획은 별도로 설명을 더 들어보고 연습하길 추천합니다.

청암체(붓펜) 정자체 체본

꾸준함만 있으면 반드시 좋은 글씨로 발전하는 것을 확인하실 수 있습니다   유튜브 아빠글씨

겨	겨	겨	겨	겨
녀	녀	녀	녀	녀
뎌	뎌	뎌	뎌	뎌
려	려	려	려	려
며	며	며	며	며
벼	벼	벼	벼	벼
셔	셔	셔	셔	셔

청암체(붓펜) 정자체 체본

꾸준함만 있으면 반드시 좋은 글씨로 발전하는 것을 확인하실 수 있습니다   유튜브 아빠글씨

여	여	여	여	여
져	져	져	져	져
쳐	쳐	쳐	쳐	쳐
켜	켜	켜	켜	켜
텨	텨	텨	텨	텨
펴	펴	펴	펴	펴
혀	혀	혀	혀	혀

95강 ㅕ자 (겨, 녀, 뎌, 려, 며, 벼, 셔, 여, 져, 쳐, 켜, 텨, 펴, 혀)

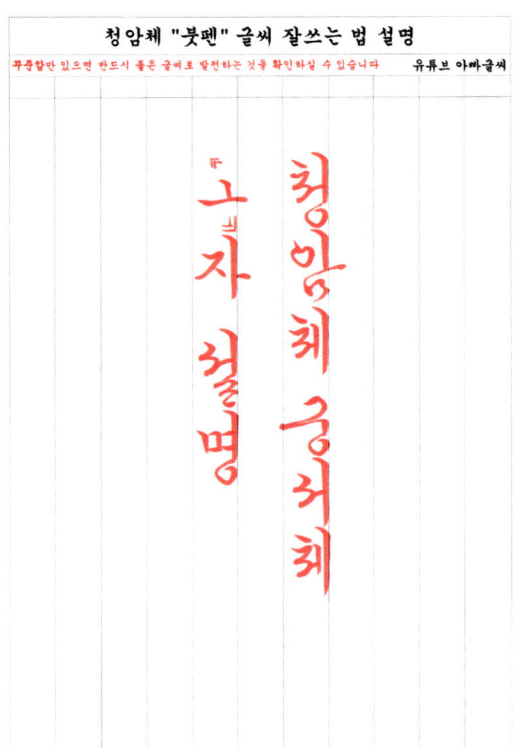

청암체 "붓펜" 글씨 잘쓰는 법 설명

1. 펌을 가운데로 두고 왼쪽편을 약간 길게 쓴다.
2. 가운데 세로획은 세로획의 머리 부분에서 꼬불꼬불이 없이 꼬리 부분을 만든 모양과 같다.
3. 머리 부분은 세로획의 머리 모양보다 짧게 하며 모양을 살린다.
4. 펌의 위치는 위의 초성 글자 중간이 되도록 한다.
5. 가로획과의 접합 부분을 약간 가늘게 펌합시키다.
6. 잘못된 예시를 기억하며 그 자를 연습한다.

『그』자 설명

청암체 궁서체

ㅗ자 쓰는 방법 설명

이번 시간은 모나미 붓펜 글씨 쓰기 모음 중에서 'ㅗ'자 쓰기를 하겠습니다.

ㅗ자는 새로운 글자가 아니라 가로획에 점획을 하나 찍으면 됩니다. ㅗ자에 쓰이는 가로획 강의를 다시 들어보고 이 강의를 들으면 좋겠습니다. ㅗ에 쓰이는 '고로쇠'를 적어보겠습니다.

ㅗ자 쓰는 법칙에 대해 설명하겠습니다.

❶ **점을 가운데로 두고 왼편을 약간 길게 씁니다('고, 코'자 제외).**
먼저 가로획을 하나 예쁘게 완성해 봅니다. ㅗ자는 가로획에 점획을 하나 추가한다고 했습니다. 이 점획의 위치를 기준으로 가로획 전체를 나누어 봤을 때 오른쪽보다 왼편을 약간 더 길게 써줍니다. 하지만, '고'자나 '코'자 같은 경우에는 예외입니다.

궁체의 가로획 모두가 해당이 되는데, 왼편을 약간 길게 써주어야 글자 전체의 균형이 맞고 안정되어 보기에 좋습니다. 특히, 흘림체에 가서는 두드러지게 표가 많이 납니다.

❷ **가운데 점획은 세로획 머리 부분에서 몸통이 없이 꼬리 부분을 만든 모양과 같습니다.**
ㅗ자의 점획은 세로획 쓰기에서 세로획 머리 부분을 짧게 만들어 몸통을 생략하고 바로 꼬리 부분을 만들어 내려오면 됩니다. 꼬리 부분 마감 위치는 ㅗ자 점획의 중심선에 위치합니다.

세로획과 같은 형태지만, 세로획을 약간 변형시켰다고 보면 됩니다. 머리, 꼬리 부분은 세로획 쓰기와 같고 ㅁ자, ㅂ자 첫 세로획 쓰기와도 유사합니다.

❸ **머리 부분은 세로획의 머리 모양보다 짧게 하여 모양을 살립니다.**
❷번의 설명과 유사합니다. 머리 부분은 세로획의 머리 부분을 만들자마자 바로 내려옵니

다. 왜냐면, ㅗ점을 만들기 위한 공간이 아주 많이 부족한데, 여기에 세로획 머리 부분까지 만든다면 ㅗ자 점획을 쓸 수가 없기 때문입니다. '로'자를 적어보겠습니다.

그래서 머리 부분을 짧게 한 세로획에서, 몸통도 생략하여 꼬리 부분을 짧게 만들어서 바로 가늘게 내려오면 됩니다.

❹ 점의 위치는 위의 초성 글자 중간이 되도록 합니다('고', '코'자 제외).

ㅗ자 점획의 위치는 위의 초성 자음의 중간에서 내리그으면 됩니다. 그래야 자음과 점획의 중심이 잡히고 글자의 조화가 맞아떨어집니다. 단, '고'자, '코'자 같은 경우에는 예외입니다. '고'자, '코'자는 앞 강의 ㄱ자와 ㅋ자에서 상세하게 다루었는데, 점획이 중심에서 왼쪽으로 조금 치우쳐져야 하겠죠?

'고'자, '코'자와 파생되는 모든 글자를 제외하고는 ㅗ자 점획의 위치는 초성 글자 중간에 위치하면 되겠습니다.

❺ 가로획과의 접합 부분은 약간 가늘게 접합시킵니다.

ㅗ자 점획의 끝부분과 가로획과의 접합 부분은 약간 가늘게 접합시키면 글자가 한층 돋보입니다. 두껍게 붙여 쓰면 둔하고 무겁게 느껴지고, 궁체의 가냘픈 미가 사라집니다. 궁체에서는 접합 부분을 가늘게 쓰는 경우가 많은데 ㅗ자 점획도 마찬가지입니다. 꼬리 부분을 만들어 주고, 가로획을 마무리하면 자연스럽게 가늘어지게 됩니다.

❻ 잘못된 예시를 보면서 ㅗ자를 연습합니다.

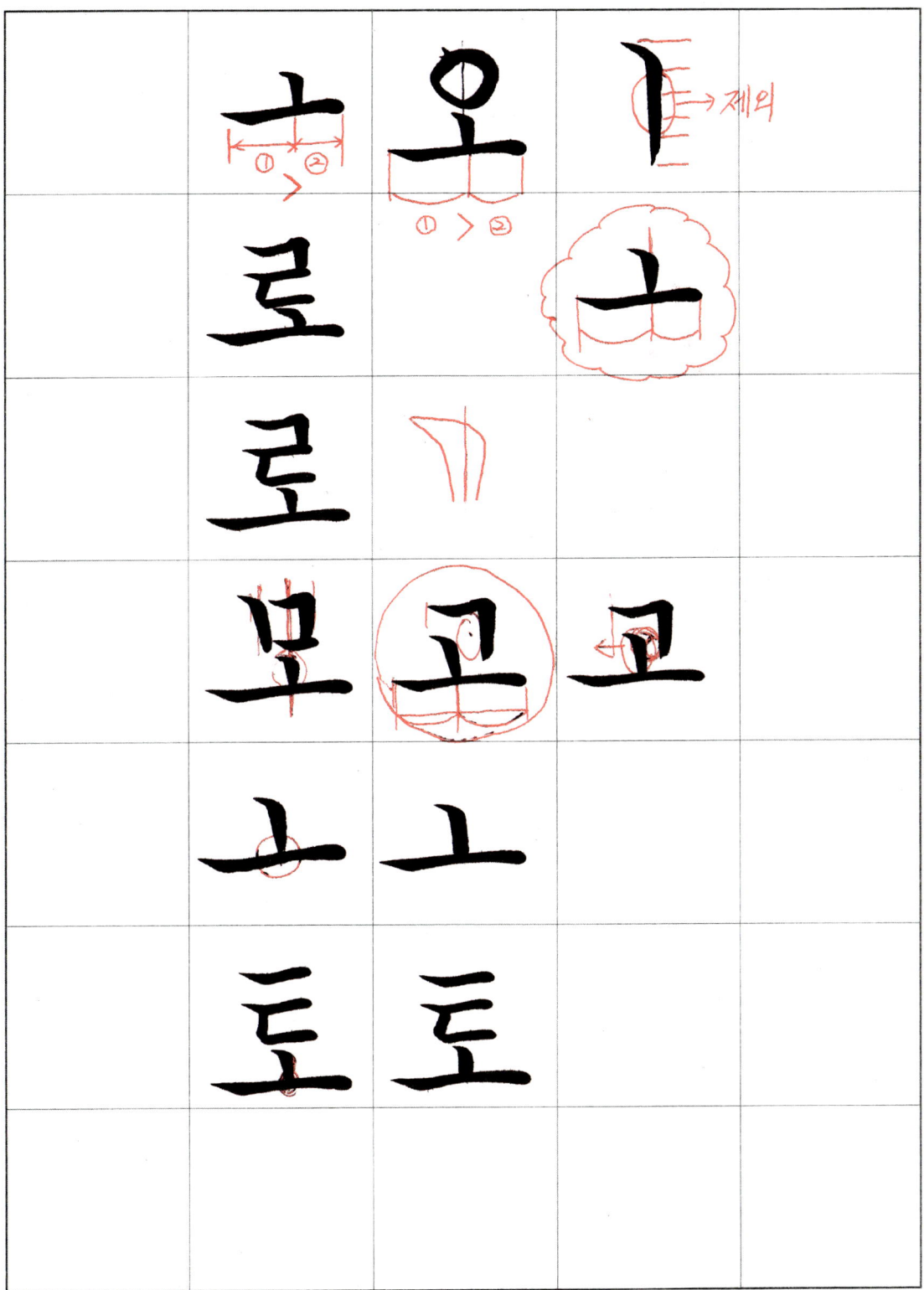

청암체(붓펜) 정자체 상세 설명

꾸준함만 있으면 반드시 좋은 글씨로 발전하는 것을 확인하실 수 있습니다   유튜브 아빠글씨

점획의 위치는 위의 초성자음 중간이 되도록한다.

점획의 모양은 짧은 세획 머리에 몸통없이 꼬리를 만든 모양과 같다.

점획은 가로획에 가늘게 접합시킨다.

※ ①번 길이가 ②번 길이보다 약간길다.

고 로 쇠

청암체 "붓펜" 잘못 쓰인 예시

꾸준함만 있으면 반드시 좋은 글씨로 발전하는 것을 확인하실 수 있습니다   유튜브 아빠글씨

오	정상적인 ㅗ자.
오	ㅗ자 접획이 가로획에 너무 두껍게 접필 되었다.
오	ㅗ자 접획의 위치는 초성 자음 중심에서 시작되어야 한다.
오	가로획은 ㅗ자 접획에서 오른쪽보다 왼쪽이 약간 길어야 한다.
고	ㅗ자 접획 중심에서 왼쪽 가로 길이가 길지만 "고"자는 예외이다.

청암체(붓펜) 정자체 체본

꾸준함만 있으면 반드시 좋은 글씨로 발전하는 것을 확인하실 수 있습니다　유튜브 아빠글씨

고　고　고　고　고

로　로　로　로　로

쇠　쇠　쇠　쇠　쇠

ㅗ자
(고, 노, 도, 로, 모, 보, 소, 오, 조, 초, 코, 토, 포, 호)

이번 시간은 앞 시간에 배운 ㅗ자를 이용하여 글자의 조합으로 '고, 노, 도, 로, 모, 보, 소, 오, 조, 초, 코, 토, 포, 호'를 적어보도록 하겠습니다.

이 글자들은 ㄱ에서 ㅎ까지를 쓰고 ㅗ를 합치면 이루어지는 구조입니다. 제일 중요한 가로획이나 세로획은 별도로 설명을 더 들어보고 연습하길 추천합니다.

청암체(붓펜) 정자체 체본

꾸준함만 있으면 반드시 좋은 글씨로 발전하는 것을 확인하실 수 있습니다　유튜브 아빠글씨

고	고	고	고	고
노	노	노	노	노
도	도	도	도	도
로	로	로	로	로
모	모	모	모	모
보	보	보	보	보
소	소	소	소	소

청암체(붓펜) 정자체 체본

꾸준함만 있으면 반드시 좋은 글씨로 발전하는 것을 확인하실 수 있습니다   유튜브 아빠글씨

오	오	오	오	오
조	조	조	조	조
초	초	초	초	초
코	코	코	코	코
토	토	토	토	토
포	포	포	포	포
호	호	호	호	호

97강 ㅗ자 (고,노,도,로,모,보,소,오,조,초,코,토,포,호)

청암체 "붓펜" 글씨 잘쓰는 법 설명

꾸준함만 있으면 반드시 좋은 글씨로 발전하는 것을 확인하실 수 있습니다   유튜브 아빠글씨

1. 나 자 쓰기와 같은 방식으로 짧은 2개의 세로획으로 만든다.
2. 두 점의 위치는 위의 초성 글자와 잘 맞추어 균형을 잃지 않는다.
3. 가로획과의 접합 부분은 약간 가늘게 접합시킨다.
4. 잘못된 예시를 기억하며 ㅗ 자를 연습한다.

청암체 "붓펜" 글씨 잘쓰는 법 설명

꾸준함만 있으면 반드시 좋은 글씨로 발전하는 것을 확인하실 수 있습니다   유튜브 아빠글씨

궁서체는 청암체로

『ㅗ』자 설명

ㅛ자 쓰는 방법 설명

모나미 붓펜 글씨 쓰기 모음 중에서 'ㅛ'자 쓰기를 하겠습니다.

ㅛ자는 앞에서 배운 ㅗ자에 세로획을 옆에 하나 더 붙이면 됩니다. ㅛ에 쓰이는 '교, 묘, 요' 자를 적어보겠습니다.

ㅛ자를 쓰는 법칙에 대해 설명하겠습니다.

❶ ㅂ자 쓰기와 같은 방식으로 짧은 2개의 세로획으로 만듭니다.

먼저 가로획을 하나 예쁘게 써봅니다. ㅛ획은 앞 강의에서 ㅗ획 뒤에 짧은 세로획을 하나만 더 추가하면 완성되는 모음입니다. ㅂ자와 ㅛ자를 적어보겠습니다. ㅂ자 세로획 2개와 ㅛ자 점획 2개를 비교하여 잘 보기 바랍니다.

일반적으로 ㅛ자 점획의 위치는 가로획에서 3등분을 하여 1/3지점에 ㅛ자 점획을, 2/3지점에는 ㅛ자 점획 세로획을 그어줍니다.

ㅛ자 점획의 모양은 ㅂ자 쓰기의 두 세로획과 같은 방식으로 짧게 쓰면 되는데 ㅛ자의 앞 점획은 세로획 쓰기에서 세로획 머리 부분을 짧게 만들어 몸통을 생략하고 바로 꼬리 부분을 만들어 내려오는 모양이고, 뒷부분 점획은 세로획을 짧게 쓴 모양입니다.

❷ 두 점의 위치는 위의 초성 글자와 잘 맞추어 균형을 잃지 않습니다.

점획의 위치는 가로획에서 3등분 하여 1/3지점에 ㅛ자 점획을, 2/3지점에는 세로획을 그어 준다고 했습니다. 위에 초성의 글자가 온다면 초성의 중심부에서 양쪽으로 균등하게 두 점 획을 써주되, 첫 번째 점획 시작 부분은 초성 글자의 시작 부분과 같이 맞추어 주고, 두 번째 점획 시작 부분은 세로줄에 맞추어서 마감을 지어줍니다. '료'자와 '죠'자를 적어보겠습니다.

❸ **가로획과의 접합 부분은 약간 가늘게 접합시킵니다.**

ㅛ자 점획 2개는 가로획과의 접합 시 너무 두껍지 않게 가늘게 접합시키면 궁체의 미가 한결 돋보입니다. 그렇다고 ㅏ자 점획처럼 너무 가늘게 붙이면, 점획 2개와 가로획이 따로 노는 듯한 느낌을 받습니다. 위의 시작점보다는 많이 가늘되, 너무 많이 가늘지 않게 주의해야 합니다. ㅛ자 원본과 두꺼운 것과 너무 가늘게 쓴 예를 적어보겠습니다. ㅛ자 연습도 많이 해보길 바랍니다.

❹ **잘못된 예시를 보면서 ㅛ자를 연습합니다.**

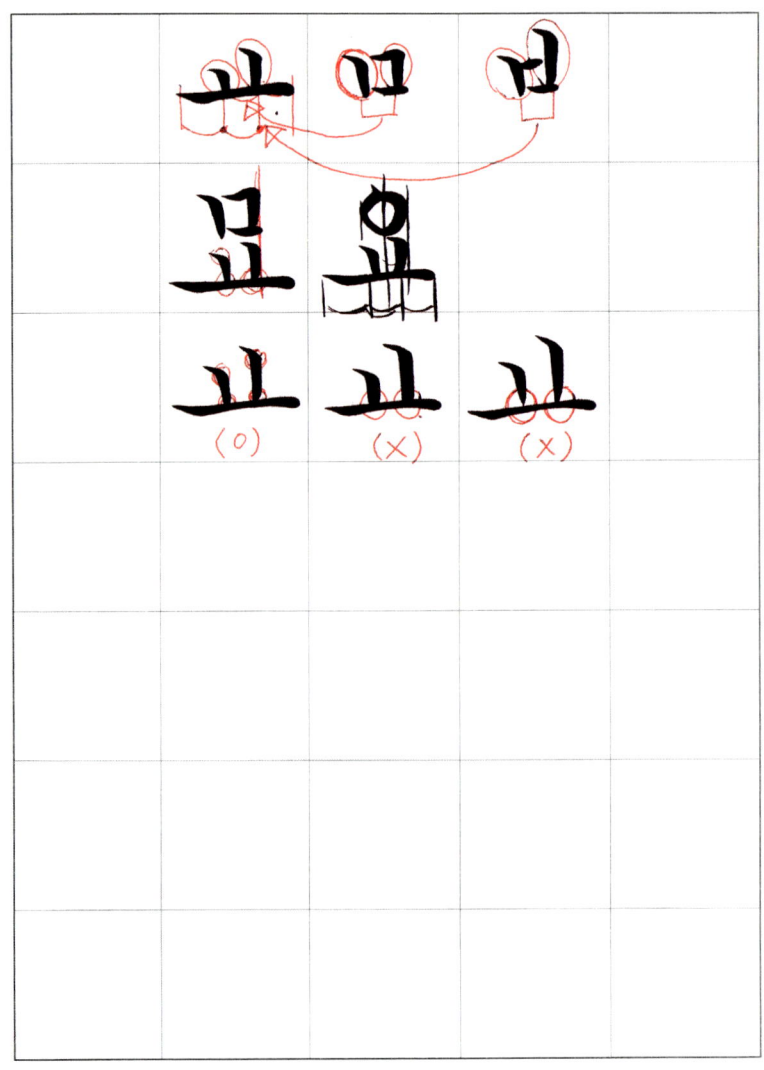

청암체(붓펜) 정자체 상세 설명

꾸준함만 있으면 반드시 좋은 글씨로 발전하는 것을 확인하실 수 있습니다   유튜브 아빠글씨

- 두 점획의 위치는 위의 초성 자음과 잘맞추어 균형을 잃지 않는다.
- 두 점획은 ㅂ자 쓰기와 같은 방식으로 짧은 2개의 세로획으로 만든다.
- 세로줄 가선에 맞춘다.
- 두 점획은 가로획에 가늘게 접필 시킨다.

※ 일반적으로 ①②③의 길이가 비슷하다.

교 묘 요

청암체 "붓펜" 잘못 쓰인 예시

꾸준함만 있으면 반드시 좋은 글씨로 발전하는 것을 확인하실 수 있습니다   유튜브 아빠글씨

요	정상적인 ㅛ자.
요	ㅛ자 점획이 가로획에 너무 두껍게 접필 되었다.
요	ㅛ자 점획은 일반적으로 가로획에서 각각 1/3 지점, 2/3지점 위치가 되도록 한다.
요	ㅛ자 점획은 ㅂ자의 점획과 유사하게 써야 한다.

청암체(붓펜) 정자체 체본

꾸준함만 있으면 반드시 좋은 글씨로 발전하는 것을 확인하실 수 있습니다   유튜브 아빠글씨

교	교	교	교	교
묘	묘	묘	묘	묘
요	요	요	요	요

ㅛ자
(교, 뇨, 됴, 료, 묘, 뵤, 쇼, 요, 죠, 쵸, 쿄, 툐, 표, 효)

앞 시간에 배운 ㅛ자를 이용하여 글자의 조합으로 '교, 뇨, 됴, 료, 묘, 뵤, 쇼, 요, 죠, 쵸, 쿄, 툐, 표, 효'를 적어보는 시간을 가져보도록 하겠습니다.

이 글자들은 ㄱ에서 ㅎ까지를 쓰고 ㅛ를 합치면 이루어지는 구조입니다.

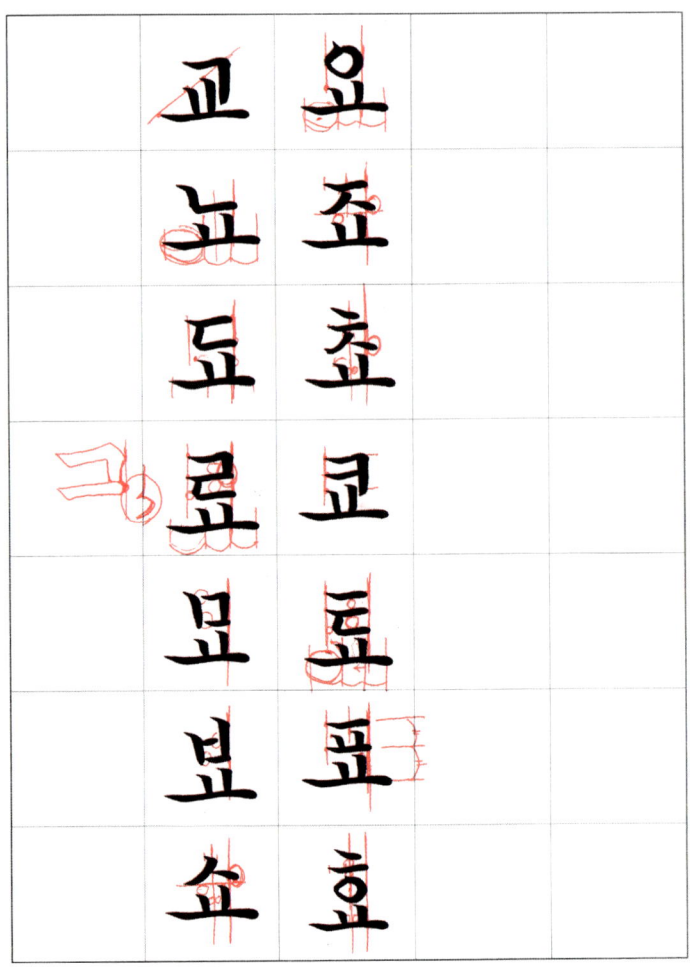

청암체(붓펜) 정자체 체본

꾸준함만 있으면 반드시 좋은 글씨로 발전하는 것을 확인하실 수 있습니다   유튜브 아빠글씨

교	교	교	교	교
뇨	뇨	뇨	뇨	뇨
됴	됴	됴	됴	됴
료	료	료	료	료
묘	묘	묘	묘	묘
뵤	뵤	뵤	뵤	뵤
쇼	쇼	쇼	쇼	쇼

청암체(붓펜) 정자체 체본

꾸준함만 있으면 반드시 좋은 글씨로 발전하는 것을 확인하실 수 있습니다   유튜브 아빠글씨

요	요	요	요	요
조	조	조	조	조
초	초	초	초	초
코	코	코	코	코
툐	툐	툐	툐	툐
표	표	표	표	표
효	효	효	효	효

청암체 "붓펜" 글씨 잘쓰는 법 설명

꾸준함만 있으면 반드시 좋은 글씨로 발전하는 것을 확인하실 수 있습니다　　유튜브 아빠글씨

1. 내려 긋는 획을 오른편 줄에 맞추거나 살짝 안으로 들여쓴다.
2. 세로획 시작은 머리 부분이 가로획에 접하게 되고, 머리 부분을 살짝 보이게 한다.
3. 세로획은 머리부분이 짧은 세로획과 같다.
4. 잘못된 예시를 기억하며 ㅜ지를 연습한다.

청암체 "붓펜" 글씨 잘쓰는 법 설명

꾸준함만 있으면 반드시 좋은 글씨로 발전하는 것을 확인하실 수 있습니다　　유튜브 아빠글씨

궁서체 청암체

"ㅜ" 자 설명

ㅜ자 쓰는 방법 설명

모나미 붓펜 글씨 쓰기 모음 중에서 'ㅜ'자 쓰기를 하겠습니다.

ㅜ자는 새로운 글자가 아니라 가로획에 세로획을 하나 내리긋는 것입니다. ㅜ자에 쓰이는 가로획과 세로획 강의를 다시 들어보고 이 강의를 들으면 좋겠습니다. ㅜ에 쓰이는 '우, 수, 투, 구'를 적어보겠습니다.

ㅜ자 쓰는 법칙에 대해 설명하겠습니다.

❶ 내리긋는 획을 오른편 줄에 맞추거나 살짝 안으로 들여 씁니다.

먼저 가로획을 하나 예쁘게 완성해 봅니다. ㅜ자는 가로획에 세로획을 하나 내리긋는다고 했습니다. 위치는 일반적으로 가로획을 3등분 하여 2/3지점에서 세로획을 시작합니다. 위에 초성 자음이 올 때는 자음 끝부분 위치 기선에 맞추어서 내리그으면 됩니다.

세로획을 여기에 맞추어 내리긋다 보면 어떨 땐 세로획 위치가 우측 편으로 많이 쏠리게 되어 초성의 글자가 왼쪽으로 기우는 느낌이 들 때가 있습니다. 그래서 ㅜ자의 세로획은 보일 듯 말 듯 하게 기선에서 왼쪽으로 약간 안으로 들여 써도 괜찮습니다. 살짝 안으로 들여 쓰면 오히려 전체적인 균형이 더 잡혀 보입니다. '우수반'이란 글자를 적어보겠습니다.

❷ 세로획 시작은 머리 부분이 가로획에 접하게 하고, 머리 부분을 살짝 보이게 합니다.

가로획에서 세로획을 시작할 때는 세로획 머리 부분을 짧게 하여 가로획 속에서 시작해야 합니다. 가로획에서 떨어져서는 안 되고 가로획과 접하되, 왼쪽 선은 직선으로 내려오고, 오른쪽 선은 세로획 머리 부분이 살짝 보이도록 하여 짧은 세로획 마무리를 해주면 더 좋습니다. '무'자를 적어보겠습니다.

❸ 세로획은 머리 부분이 짧은 세로획과 같습니다.

❷번의 설명과 유사합니다. ㅜ자의 조합은 가로획과 세로획으로 이루어져 있습니다. 그런데 가로획은 정상적인 길이의 가로획인데, 세로획을 길게 뽑아 내린다면 글자가 너무 길어져서 조화가 이루어지지 않습니다. '우'자에서 세로획을 길게 써보겠습니다. 그리고 세로획의 머리 부분도 짧은 세로획이어야 하는데 정상적인 세로획을 붙여 보겠습니다. 이처럼, 세로획이지만 머리도 짧고, 길이도 짧은 세로획을 쓰셔야 균형과 조화가 이루어집니다.

❹ **잘못된 예시를 보면서 ㅜ자를 연습합니다.**

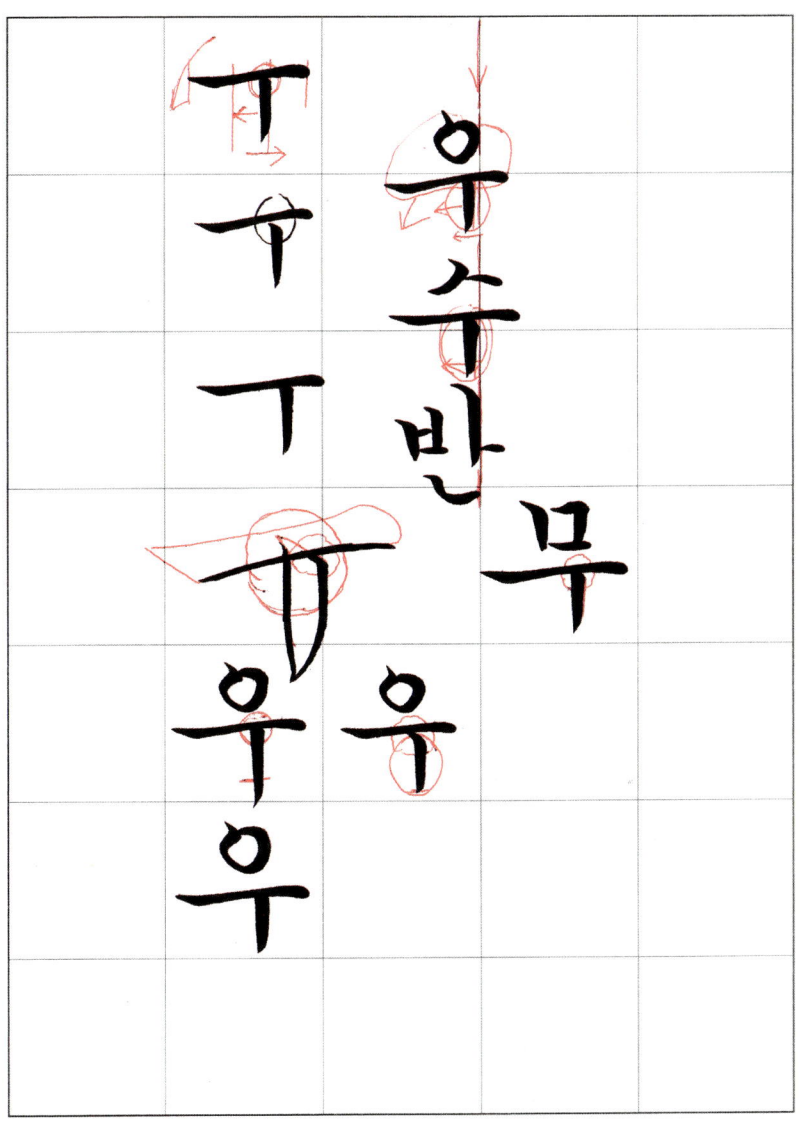

청암체(붓펜) 정자체 상세 설명

꾸준함만 있으면 반드시 좋은 글씨로 발전하는 것을 확인하실 수 있습니다   유튜브 아빠글씨

- 세로획 시작은 머리부분이 가로획에 접하게 하고 오른쪽 머리부분을 살짝 보이게 한다.
- 세로획 바깥 부분은 기선에 맞추거나 왼쪽으로 살짝 들여 쓴다.
- 세로획 모양은 머리부분과 몸통이 짧은 세로획이다.
- 세로획 위치는 가로획 길이의 2/3 지점이다.

우 수 투 구

청암체 "붓펜" 잘못 쓰인 예시

꾸준함만 있으면 반드시 좋은 글씨로 발전하는 것을 확인하실 수 있습니다   유튜브 아빠글씨

우	정상적인 ㅜ자.
우	내려 긋는 세로획은 기선에 맞추거나 살짝 안으로 들여 쓴다.
우	세로획 시작점은 가로획 속에서 접하게 한다. (머리가 짧은 세로획)
우	세로획을 너무 길게 뽑지 않는다.

청암체(붓펜) 정자체 체본

꾸준함만 있으면 반드시 좋은 글씨로 발전하는 것을 확인하실 수 있습니다   유튜브 아빠글씨

우	우	우	우	우
수	수	수	수	수
투	투	투	투	투
구	구	구	구	구

ㅜ자
(구, 누, 두, 루, 무, 부, 수, 우, 주, 추, 쿠, 투, 푸, 후)

앞 시간에 배운 ㅜ자를 이용하여 글자의 조합으로 '구, 누, 두, 루, 무, 부, 수, 우, 주, 추, 쿠, 투, 푸, 후'를 적어보는 시간을 가져보도록 하겠습니다.

이 글자들은 ㄱ에서 ㅎ까지를 쓰고 ㅜ를 합치면 이루어지는 구조입니다.

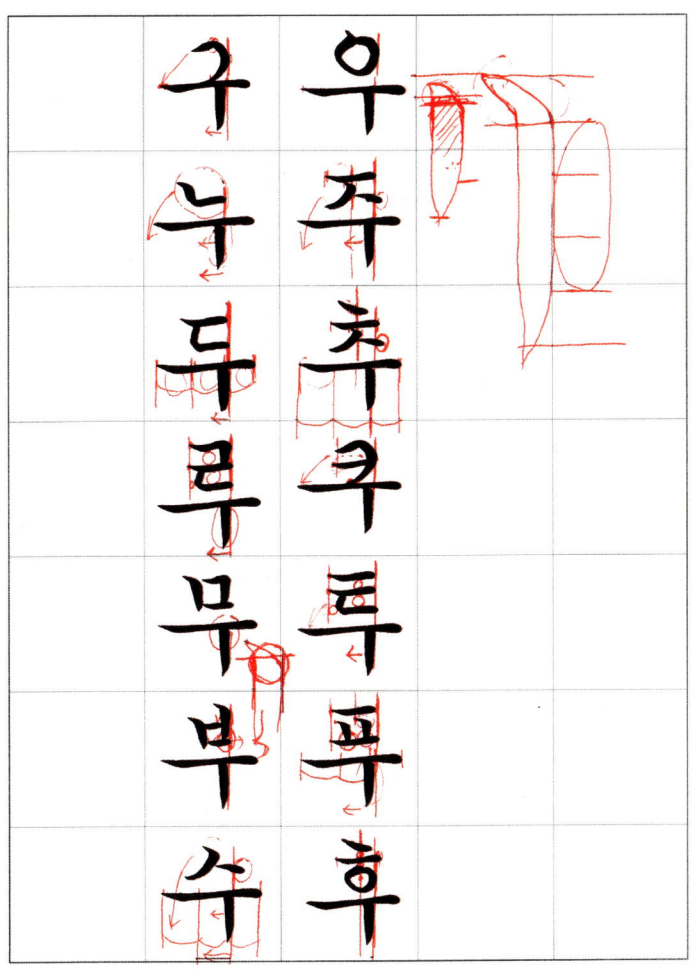

청암체(붓펜) 정자체 체본

꾸준함만 있으면 반드시 좋은 글씨로 발전하는 것을 확인하실 수 있습니다   유튜브 아빠글씨

구	구	구	구	구
누	누	누	누	누
두	두	두	두	두
루	루	루	루	루
무	무	무	무	무
부	부	부	부	부
수	수	수	수	수

청암체(붓펜) 정자체 체본

꾸준함만 있으면 반드시 좋은 글씨로 발전하는 것을 확인하실 수 있습니다   유튜브 아빠글씨

우	우	우	우	우
주	주	주	주	주
추	추	추	추	추
쿠	쿠	쿠	쿠	쿠
투	투	투	투	투
푸	푸	푸	푸	푸
후	후	후	후	후

101강 ㅜ자 (구,누,두,루,무,부,수,우,주,추,쿠,투,푸,후)

청암체 "붓펜" 글씨 잘쓰는 법 설명

꾸준함만 있으면 반드시 좋은 글씨로 발전하는 것을 확인하실 수 있습니다 유튜브 아빠글씨

1. 가로획에 가볍게 대어서 왼쪽으로 너무 삐치지 않게 한다.
2. ㅅ 모양과 흡사하다.
3. 끝부분을 너무 갈카롭게 뻗지 않는다.
4. 왼쪽 부분만 너무 굵지 않게 쓴다.
5. 내려 긋는 획을 오른편 쫑에 맞춘다.
6. 두 직획의 위치는 가로획의 1/3, 2/3 지점에 둔다.
7. 잘못된 예시를 기억하며 가자를 연습한다.

청암체 "붓펜" 글씨 잘쓰는 법 설명

꾸준함만 있으면 반드시 좋은 글씨로 발전하는 것을 확인하실 수 있습니다 유튜브 아빠글씨

궁서체는 청암체로

『가』자 설명

ㅠ자 쓰는 방법 설명

모나미 붓펜 글씨 쓰기 모음 중에서 'ㅠ'자 쓰기를 하겠습니다.

ㅠ자는 새로운 글자가 아니라 앞의 ㅜ자 가로획 좌측 편에 삐침 사선을 하나 더 추가하는 것입니다. 이 ㅠ에 쓰이는 '규, 유, 뮤'자를 적어보겠습니다.

ㅠ자 쓰는 법칙에 대해 설명하겠습니다.

❶ **가로획에 가볍게 대어서 왼쪽으로 너무 삐치지 않게 합니다.**

먼저 가로획을 예쁘게 하나 그어줍니다. 가로획에 첫 삐침을 쓸 땐 여러 가지 방법으로 씁니다. 3가지 설명 중에서 청암체에서 ㅠ자를 쓰는 방법을 추천해 보겠습니다.

❷ **ㅅ자 모양과 흡사합니다.**

삐침 모양은 ㅅ자 쓰는 방법과 흡사합니다. 가로획 속에서 시작하여 ㅅ자를 완성하되 ㅅ자보다 각도를 약간 작게 해주어야 합니다. ❶번에서도 설명했듯이 왼쪽으로 너무 삐치면 글자 전체가 균형과 조화가 안 맞고 ㅠ자 중간의 공간이 너무 비어 있는 느낌이 듭니다. 삐침을 쓸 땐 ㅅ자를 쓴다 생각하고 쓰면 한결 접근이 쉬우리라 봅니다.

❸ **끝부분을 너무 날카롭게 뽑지 않습니다.**

ㅅ자에서와 마찬가지로 삐침 끝부분을 너무 날카롭게 뽑지 말아야 합니다. 너무 날카롭게 뽑으면 글자가 날려 보이고 무게감이 없어져 보입니다. 그렇다고 너무 뭉텅하게도 마무리 짓지 말고 ㅅ자처럼 끝마감을 해주면 되겠습니다.

❹ **왼쪽 부분은 너무 굵지 않게 씁니다.**

왼쪽의 삐침 부분과 오른쪽의 세로획을 비교했을 때, 삐침은 조금 가늘고 짧게 하고, 세로획은 조금 굵고 길게 내려 뽑습니다. 세로획이 삐침을 크게 포용한다고 생각하면, 당연히 약간은 가늘고 길이도 짧아야 하겠죠?

글자의 조화를 봐도 삐침이 굵고 길다면 모양새가 이상할뿐더러 세로획이 죽어버리겠죠? 비교 설명을 위해 '유'자를 적어보겠습니다.

❺ 내리긋는 획을 오른편 줄에 맞춥니다.

ㅠ자의 세로획은 일반 세로획과 똑같은데, 약간 짧게 마무리를 짓습니다. 이 세로획 또한 오른쪽 기선(획의 기준선)에 맞추어 써야 합니다. 기선을 맞추는 연습은 모든 획의 정확성을 알아야 하는 공부이기도 합니다. 세로줄에 맞추어 연습하다 보면, 글자의 시작점 위치도 자연스럽게 연습이 되고, 세로획을 바르게 긋는 연습도 되며, 글자 균형 감각을 익히는 방법이기도 합니다.

❻ 두 점획은 가로획의 1/3, 2/3지점에 둡니다.

ㅠ자의 삐침과 세로획 위치는 일반적으로 가로획의 1/3지점 및 2/3지점에 있습니다. 다른 방법은 초성 자음의 첫머리에 삐침을, 끝부분 기선에 세로획을 맞추어도 됩니다.

❼ 잘못된 예시를 보면서 ㅠ자를 연습합니다.

청암체(붓펜) 정자체 상세 설명

꾸준함만 있으면 반드시 좋은 글씨로 발전하는 것을 확인하실 수 있습니다 유튜브 아빠글씨

삐침은 조금 가늘고 짧게
세로획은 조금 길고 굵게.

가로획속에 접하여 시작할 것

세로획 바깥부분은 기선에 맞추거나 왼쪽으로 살짝 들여쓴다

삐침 모양은 ㅅ자와 흡사하며 각도는 약간 작다

머리가 짧은 세로획 모양이다.

너무 날카롭게 뽑지않는다.

1/3 2/3 3/3

삐침의 시작점

세로획의 시작점

규 유 뮤

청암체 "붓펜" 잘못 쓰인 예시

꾸준함만 있으면 반드시 좋은 글씨로 발전하는 것을 확인하실 수 있습니다 유튜브 아빠글씨

유	정상적인 ㅠ자.
유	삐침 부분의 각도가 너무 많이 벌어졌다.
유	삐침 부분의 각도가 너무 작다.
유	삐침의 끝부분은 너무 날카롭게 뽑지 않는다.
유	두 겹획의 위치는 일반적으로 가로획 길이의 1/3, 2/3 지점에 둔다.

청암체(붓펜) 정자체 체본

꾸준함만 있으면 반드시 좋은 글씨로 발전하는 것을 확인하실 수 있습니다   유튜브 아빠글씨

규	규	규	규	규
유	유	유	유	유
뮤	뮤	뮤	뮤	뮤

ㅠ자
(규, 뉴, 듀, 류, 뮤, 뷰, 슈, 유, 쥬, 츄, 큐, 튜, 퓨, 휴)

이번 시간은 앞 시간에 배운 ㅠ자를 이용하여 글자의 조합으로 '규, 뉴, 듀, 류, 뮤, 뷰, 슈, 유, 쥬, 츄, 큐, 튜, 퓨, 휴'를 적어보는 시간을 가져보도록 하겠습니다.

이 글자들은 ㄱ에서 ㅎ까지를 쓰고 ㅠ를 합치면 이루어지는 구조입니다.

청암체(붓펜) 정자체 체본

꾸준함만 있으면 반드시 좋은 글씨로 발전하는 것을 확인하실 수 있습니다   유튜브 아빠글씨

규	규	규	규	규
뉴	뉴	뉴	뉴	뉴
듀	듀	듀	듀	듀
류	류	류	류	류
뮤	뮤	뮤	뮤	뮤
뷰	뷰	뷰	뷰	뷰
슈	슈	슈	슈	슈

청암체(붓펜) 정자체 체본

꾸준함만 있으면 반드시 좋은 글씨로 발전하는 것을 확인하실 수 있습니다   유튜브 아빠글씨

유	유	유	유	유
쥬	쥬	쥬	쥬	쥬
츄	츄	츄	츄	츄
규	규	규	규	규
듀	듀	듀	듀	듀
퓨	퓨	퓨	퓨	퓨
휴	휴	휴	휴	휴

103강 ㅠ자 (규, 뉴, 듀, 류, 뮤, 뷰, 슈, 유, 쥬, 츄, 큐, 튜, 퓨, 휴)

가로획
(그, 느, 드, 르, 므, 브, 스, 으, 즈, 츠, 크, 트, 프, 흐)

이번 시간은 제일 처음 배웠던 가로획 ㅡ자를 이용하여 글자의 조합으로 '그, 느, 드, 르, 므, 브, 스, 으, 즈, 츠, 크, 트, 프, 흐'를 적어보는 시간을 가져보도록 하겠습니다.

이 글자들은 ㄱ에서 ㅎ까지를 쓰고 가로획 ㅡ를 합치면 이루어지는 구조입니다.

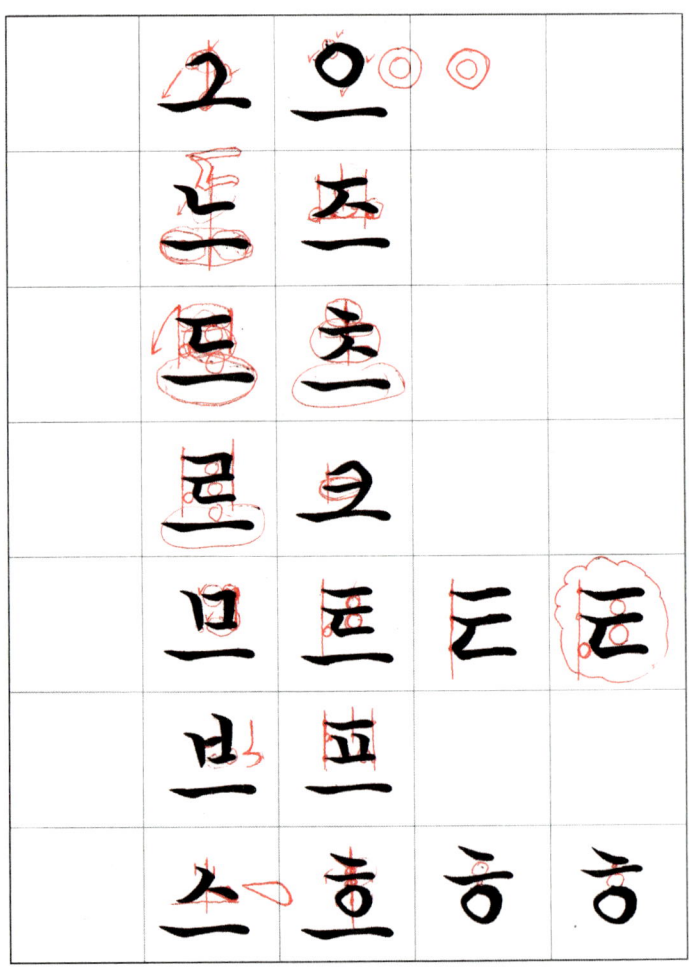

청암체(붓펜) 정자체 체본

꾸준함만 있으면 반드시 좋은 글씨로 발전하는 것을 확인하실 수 있습니다   유튜브 아빠글씨

그	그	그	그	그
느	느	느	느	느
드	드	드	드	드
르	르	르	르	르
므	므	므	므	므
브	브	브	브	브
스	스	스	스	스

청암체(붓펜) 정자체 체본

꾸준함만 있으면 반드시 좋은 글씨로 발전하는 것을 확인하실 수 있습니다   유튜브 아빠글씨

으	으	으	으	으
즈	즈	즈	즈	즈
츠	츠	츠	츠	츠
크	크	크	크	크
트	트	트	트	트
프	프	프	프	프
흐	흐	흐	흐	흐

세로획
(기, 니, 디, 리, 미, 비, 시, 이, 지, 치, 키, 티, 피, 히)

이번 시간은 처음 배웠던 세로획 ㅣ자를 이용하여 글자의 조합으로 '기, 니, 디, 리, 미, 비, 시, 이, 지, 치, 키, 티, 피, 히'를 적어보는 시간을 가져보도록 하겠습니다. 이 글자들은 ㄱ에서 ㅎ까지를 쓰고 세로획 ㅣ를 합치면 이루어지는 구조입니다.

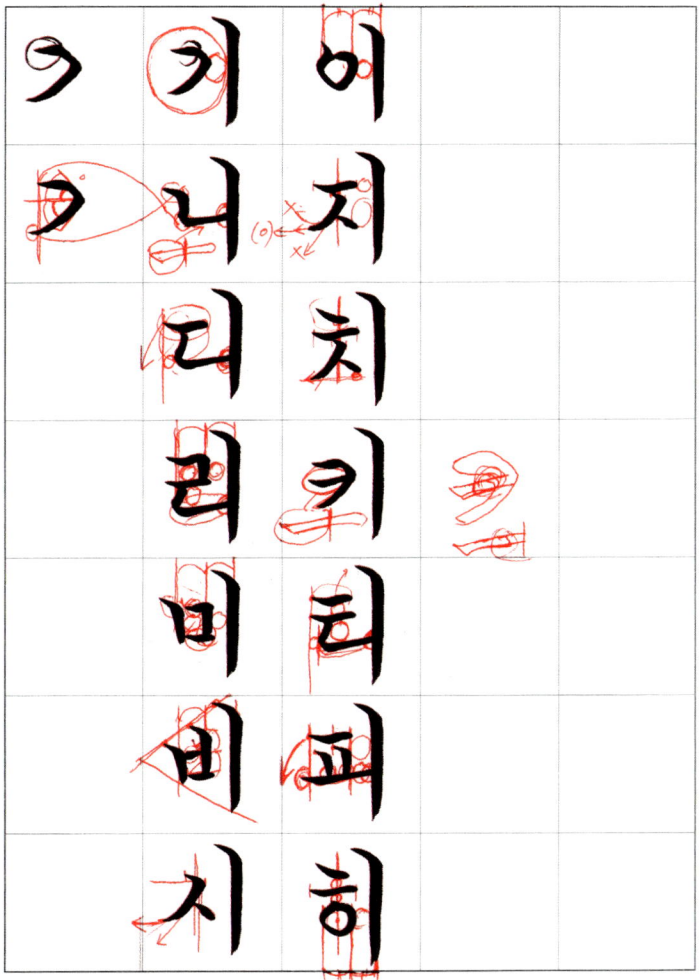

청암체(붓펜) 정자체 체본

꾸준함만 있으면 반드시 좋은 글씨로 발전하는 것을 확인하실 수 있습니다   유튜브 아빠글씨

기	기	기	기	기
니	니	니	니	니
디	디	디	디	디
리	리	리	리	리
미	미	미	미	미
비	비	비	비	비
시	시	시	시	시

청암체(붓펜) 정자체 체본

꾸준함만 있으면 반드시 좋은 글씨로 발전하는 것을 확인하실 수 있습니다   유튜브 아빠글씨

이	이	이	이	이
지	지	지	지	지
치	치	치	치	치
키	키	키	키	키
티	티	티	티	티
피	피	피	피	피
히	히	히	히	히

105강 세로획 (기, 니, 디, 리, 미, 비, 시, 이, 지, 치, 키, 티, 피, 히)

초성 쌍자음(ㄲ, ㄸ, ㅃ, ㅆ, ㅉ)

지금까지 기초 쓰기, 자음, 모음을 모두 함께 끝냈습니다. 이번 시간은 조금 어려운 쌍자음에 도전을 해보겠습니다. 하지만, 쓰는 법칙이 모두 있으니 너무 어렵게 생각하지 말기 바랍니다.

초성 쌍자음에는 'ㄲ, ㄸ, ㅃ, ㅆ, ㅉ'이 쓰이는데 이 쌍자음에 쓰이는 글자의 발음도 어려운 '까, 따, 빠, 싸, 짜, 깍, 딴, 빨, 쌈, 짱'자를 써보겠습니다.

모든 글자는 한 칸 안에 70%~80% 정도 차지한다고 생각하며 크기를 조절해 주세요.

먼저 '까'자를 보면, ㄱ자는 '가, 갸, 거, 겨, 기'에 쓰이는 ㄱ자 2개가 들어 있습니다. 그리고 ㅏ자를 붙이면 예쁜 '까'자가 만들어집니다.

쌍자음은 모두가 앞의 자음은 조금 작게 하고, 뒤의 자음을 조금 크게 해주면 쌍자음의 조화가 맞고 글자가 살아납니다. 마치 뒤 자음이 앞 자음을 살짝 안아서 감싸준다는 느낌이죠. 쌍자음을 쓰다 보면 제일 어려운 것이 쌍자음 자체가 너무 커진다는 것입니다. 그래서 쌍자음이 커지지 않게 생각을 미리 하면서 써야 합니다. 뒤의 ㄱ자는 각도를 약간 벌려서 'ㄲ'자가 커지지 않게 쓰는 것도 하나의 방법입니다.

다음 '따'자를 보면, ㄷ자는 '다, 댜, 디'에 쓰이는 ㄷ자 2개가 들어 있습니다. 마찬가지로 첫 ㄷ자를 작게 하고 뒤의 ㄷ자를 조금 더 크게 써야 합니다. 'ㄸ'자도 커지지 않게 생각하면서 써야 합니다.

다음 '빠'자를 보면, ㅂ자가 2개 들어 있는데, 이 'ㅃ'자는 좀 더 복잡합니다. 마찬가지로 첫 ㅂ자를 작게 하고 뒤의 ㅂ자를 조금 더 크게 써야 합니다. 'ㅃ'자에서는 세로획이 4개가 들어가기 때문에 ㅂ자 획도 조금 가늘게 하고, 사이사이를 최대한 붙여서 써야 가로로 넓어지지 않는 글자입니다. 그렇다고 해서 ㅂ자를 서로 붙여 쓰면 안 됩니다.

다음 '싸'자를 보면, ㅅ자가 2개가 들어 있는데, 마찬가지로 첫 ㅅ자를 작게 하고 뒤의 ㅅ자를 조금 더 크게 써야 합니다. ㅅ자도 쓰다 보면 가로로 많이 넓어지는 글자입니다. 첫 ㅅ자는 조금 작게 쓰고, 뒤 ㅅ자는 각도를 약간 세우면서 첫 ㅅ자 점획에 부딪히지 않게 하는 것도 하나의 방법입니다. 궁체를 보면 모두가 다 그렇게 쓰고 있는 방법이기도 합니다.

　다음 글자인 '깍, 딴, 빨, 쌈, 짱'자는 '까, 따, 빠, 싸, 짜'에 받침이 들어가는 것입니다. '까, 따, 빠, 싸, 짜'만 제대로 쓰면 어렵지 않게 쓸 수 있을 것입니다. 잘 안되는 글자들은 체본을 참조하면 도움이 되리라고 생각합니다. 이 쌍자음은 원래가 어려운 글자이고 모양새가 안 나는 글자이니 잘 안되더라도 너무 낙심하지 말고 연습해보길 바랍니다.

청암체(붓펜) 정자체 체본

꾸준함만 있으면 반드시 좋은 글씨로 발전하는 것을 확인하실 수 있습니다 유튜브 아빠글씨

까	까	까	까	까
따	따	따	따	따
빠	빠	빠	빠	빠
싸	싸	싸	싸	싸
짜	짜	짜	짜	짜

청암체(붓펜) 정자체 체본

꾸준함만 있으면 반드시 좋은 글씨로 발전하는 것을 확인하실 수 있습니다   유튜브 아빠글씨

깍	깍	깍	깍	깍
딴	딴	딴	딴	딴
빨	빨	빨	빨	빨
쌈	쌈	쌈	쌈	쌈
짭	짭	짭	짭	짭

각낙닥락막박삭악작착칵탁팍학

   이번 시간은 앞 시간에 배운 글자 모두에 받침을 추가로 적어보는 시간을 가져보도록 하겠습니다. '가, 나, 다, 라, 마, 사, 아, 자, 차, 카, 타, 파, 하' 글자에 받침으로 'ㄱ'자를 추가해 보겠습니다. 받침 ㄱ자는 세로획보다 가로획을 조금 길게 적어주어야 합니다. 그래야만, 받침으로서 위의 글자 전체를 받쳐주는 안정감이 생기기 때문입니다.

   먼저 모든 글자는 한 칸 안에 70%~80% 정도 차지한다고 생각하며 크기를 조절해 주세요. 모든 받침의 시작점 위치는 위의 초성 자음의 중간 부분에서 하면 되겠습니다. 그리고 'ㅏ' 모음 세로획이 끝나는 부분에서 시작하면 됩니다.

청암체(붓펜) 정자체 체본

꾸준함만 있으면 반드시 좋은 글씨로 발전하는 것을 확인하실 수 있습니다   유튜브 아빠글씨

각	각	각	각	각
낙	낙	낙	낙	낙
닥	닥	닥	닥	닥
락	락	락	락	락
막	막	막	막	막
박	박	박	박	박
삭	삭	삭	삭	삭

청암체(붓펜) 정자체 체본

꾸준함만 있으면 반드시 좋은 글씨로 발전하는 것을 확인하실 수 있습니다 유튜브 아빠글씨

악	악	악	악	악
작	작	작	작	작
착	착	착	착	착
칵	칵	칵	칵	칵
탁	탁	탁	탁	탁
팍	팍	팍	팍	팍
학	학	학	학	학

간난단란만반산안잔찬칸탄판한

이번 시간은 '가, 나, 다, 라, 마, 사, 아, 자, 차, 카, 타, 파, 하' 글자에 받침으로 'ㄴ'자를 추가해 보겠습니다. 받침 ㄴ자는 ㄴ자 강의에 자세하게 설명이 되어 있으니 참조하기 바랍니다. ㄴ자 도 밑의 무게중심을 강하게 하여 받침으로서 안정감이 들도록 해야 합니다.

청암체(붓펜) 정자체 체본

꾸준함만 있으면 반드시 좋은 글씨로 발전하는 것을 확인하실 수 있습니다   유튜브 아빠글씨

간	간	간	간	간
난	난	난	난	난
단	단	단	단	단
란	란	란	란	란
만	만	만	만	만
반	반	반	반	반
산	산	산	산	산

청암체(붓펜) 정자체 체본

꾸준함만 있으면 반드시 좋은 글씨로 발전하는 것을 확인하실 수 있습니다   유튜브 아빠글씨

안	안	안	안	안
잔	잔	잔	잔	잔
찬	찬	찬	찬	찬
칸	칸	칸	칸	칸
탄	탄	탄	탄	탄
판	판	판	판	판
한	한	한	한	한

갇낟닫랃맏받삳앋잗찯칻탇팓핟

이번 시간은 '가, 나, 다, 라, 마, 사, 아, 자, 차, 카, 타, 파, 하' 글자에 받침으로 'ㄷ'자를 추가해 보겠습니다.

받침 ㄷ자는 ㄷ자 강의에 자세하게 설명이 되어 있으니 참조하기 바랍니다. ㄷ자도 밑의 무게중심을 강하게 하여 받침으로서 안정감이 들도록 해야 합니다.

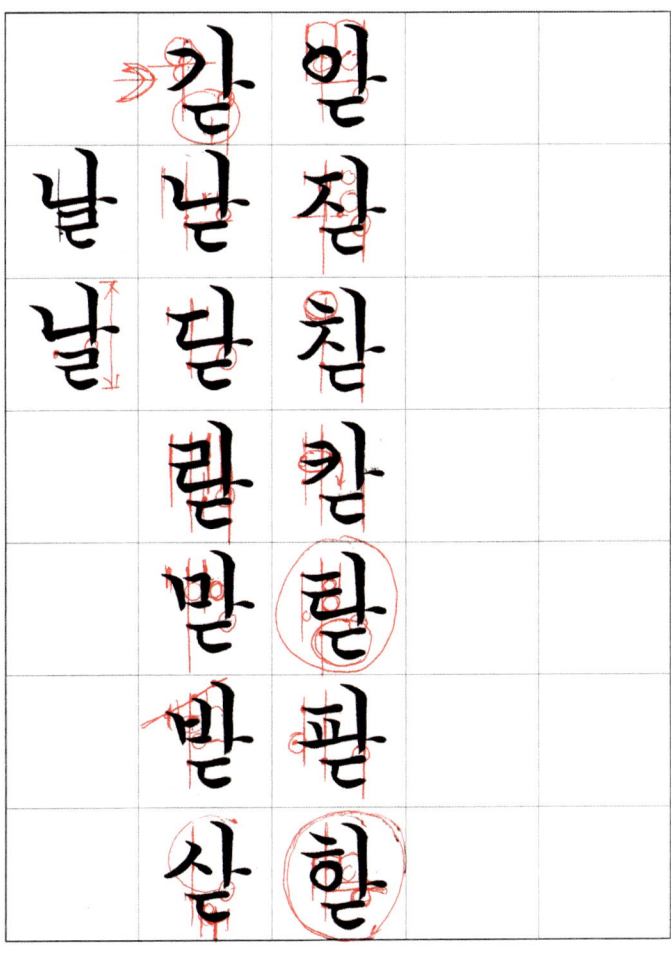

청암체(붓펜) 정자체 체본

꾸준함만 있으면 반드시 좋은 글씨로 발전하는 것을 확인하실 수 있습니다   유튜브 아빠글씨

갇	갇	갇	갇	갇
낟	낟	낟	낟	낟
닫	닫	닫	닫	닫
랃	랃	랃	랃	랃
맏	맏	맏	맏	맏
받	받	받	받	받
삳	삳	삳	삳	삳

청암체(붓펜) 정자체 체본

꾸준함만 있으면 반드시 좋은 글씨로 발전하는 것을 확인하실 수 있습니다　　유튜브 아빠글씨

얀	얀	얀	얀	얀
잔	잔	잔	잔	잔
찬	찬	찬	찬	찬
칸	칸	칸	칸	칸
탄	탄	탄	탄	탄
판	판	판	판	판
한	한	한	한	한

갈날달랄말발살알잘찰칼탈팔할

    이번 시간은 '가, 나, 다, 라, 마, 사, 아, 자, 차, 카, 타, 파, 하' 글자에 받침으로 'ㄹ'자를 추가해 보겠습니다. 받침 ㄹ자는 ㄹ자 강의에 자세하게 설명이 되어 있으니 참조하기 바랍니다. ㄹ자도 밑의 무게중심을 강하게 하여 받침으로서 안정감이 들도록 해야 합니다.

청암체(붓펜) 정자체 체본

꾸준함만 있으면 반드시 좋은 글씨로 발전하는 것을 확인하실 수 있습니다   유튜브 아빠글씨

갈	갈	갈	갈	갈
날	날	날	날	날
달	달	달	달	달
랄	랄	랄	랄	랄
말	말	말	말	말
발	발	발	발	발
살	살	살	살	살

청암체(붓펜) 정자체 체본

꾸준함만 있으면 반드시 좋은 글씨로 발전하는 것을 확인하실 수 있습니다   유튜브 아빠글씨

알	알	알	알	알
잘	잘	잘	잘	잘
찰	찰	찰	찰	찰
칼	칼	칼	칼	칼
탈	탈	탈	탈	탈
팔	팔	팔	팔	팔
할	할	할	할	할

감남담람맘밤삼암잠참캄탐팜함

이번 시간은 '가, 나, 다, 라, 마, 사, 아, 자, 차, 카, 타, 파, 하' 글자에 받침으로 'ㅁ'자를 추가해 보겠습니다. 받침 ㅁ자는 ㅁ자 강의에 자세하게 설명이 되어 있으니 참조하기 바랍니다.

청암체(붓펜) 정자체 체본

꾸준함만 있으면 반드시 좋은 글씨로 발전하는 것을 확인하실 수 있습니다   유튜브 아빠글씨

감	감	감	감	감
남	남	남	남	남
담	담	담	담	담
람	람	람	람	람
맘	맘	맘	맘	맘
밤	밤	밤	밤	밤
삼	삼	삼	삼	삼

청암체(붓펜) 정자체 체본

꾸준함만 있으면 반드시 좋은 글씨로 발전하는 것을 확인하실 수 있습니다   유튜브 아빠글씨

암
잠
참
캄
탐
팜
함

갑납답랍맙밥삽압잡찹캅탑팝합

이번 시간은 '가, 나, 다, 라, 마, 사, 아, 자, 차, 카, 타, 파, 하' 글자에 받침으로 'ㅂ'자를 추가해 보겠습니다. 받침 ㅂ자는 ㅂ자 강의에 자세하게 설명이 되어 있으니 참조하기 바랍니다.

청암체(붓펜) 정자체 체본

꾸준함만 있으면 반드시 좋은 글씨로 발전하는 것을 확인하실 수 있습니다   유튜브 아빠글씨

갑
납
답
랍
맙
밥
삽

청암체(붓펜) 정자체 체본

꾸준함만 있으면 반드시 좋은 글씨로 발전하는 것을 확인하실 수 있습니다　유튜브 아빠글씨

압
잡
찹
캅
탑
팝
합

갓낫닷랏맛밧삿앗잣찻캇탓팟핫

이번 시간은 '가, 나, 다, 라, 마, 사, 아, 자, 차, 카, 타, 파, 하' 글자에 받침으로 'ㅅ'자를 추가해 보겠습니다. 받침 ㅅ자는 ㅅ자 강의에 자세하게 설명이 되어 있으니 참조하기 바랍니다. ㅅ 받침의 시작점 위치는, 위의 초성 자음의 끝부분에서 하면 되겠습니다. 그리고 'ㅏ' 모음 세로획이 끝나는 부분에서 시작하면 됩니다.

청암체(붓펜) 정자체 체본

꾸준함만 있으면 반드시 좋은 글씨로 발전하는 것을 확인하실 수 있습니다   유튜브 아빠글씨

갓	갓	갓	갓	갓
낫	낫	낫	낫	낫
닷	닷	닷	닷	닷
랏	랏	랏	랏	랏
맛	맛	맛	맛	맛
밧	밧	밧	밧	밧
삿	삿	삿	삿	삿

청암체(붓펜) 정자체 체본

꾸준함만 있으면 반드시 좋은 글씨로 발전하는 것을 확인하실 수 있습니다   유튜브 아빠글씨

앗	앗	앗	앗	앗
잣	잣	잣	잣	잣
찻	찻	찻	찻	찻
캇	캇	캇	캇	캇
탓	탓	탓	탓	탓
팟	팟	팟	팟	팟
핫	핫	핫	핫	핫

강낭당랑망방상앙장창캉탕팡항

이번 시간은 '가, 나, 다, 라, 마, 사, 아, 자, 차, 카, 타, 파, 하' 글자에 받침으로 'ㅇ'자를 추가해 보겠습니다. 받침 ㅇ자는 ㅇ자 강의에 자세하게 설명이 되어 있으니 참조하기 바랍니다.

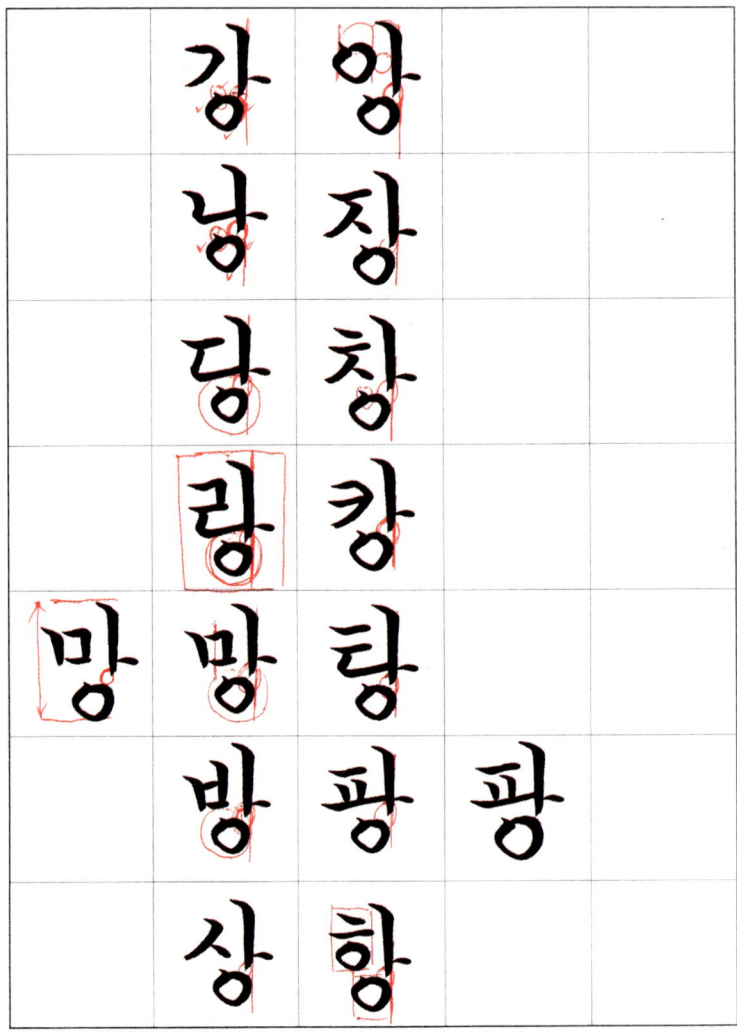

청암체(붓펜) 정자체 체본

꾸준함만 있으면 반드시 좋은 글씨로 발전하는 것을 확인하실 수 있습니다 유튜브 아빠글씨

강	강	강	강	강
낭	낭	낭	낭	낭
당	당	당	당	당
랑	랑	랑	랑	랑
망	망	망	망	망
방	방	방	방	방
상	상	상	상	상

청암체(붓펜) 정자체 체본

꾸준함만 있으면 반드시 좋은 글씨로 발전하는 것을 확인하실 수 있습니다   유튜브 아빠글씨

앙	앙	앙	앙	앙
장	장	장	장	장
창	창	창	창	창
캉	캉	캉	캉	캉
탕	탕	탕	탕	탕
팡	팡	팡	팡	팡
항	항	항	항	항

갓낫닷랏맛밧삿앗잣찻캇탓팟핫

이번 시간은 '가, 나, 다, 라, 마, 사, 아, 자, 차, 카, 타, 파, 하' 글자에 받침으로 'ㅅ'자를 추가해 보겠습니다. 받침 ㅅ자는 ㅅ자 강의에 자세하게 설명이 되어 있으니 참조하기 바랍니다.

청암체(붓펜) 정자체 체본

꾸준함만 있으면 반드시 좋은 글씨로 발전하는 것을 확인하실 수 있습니다   유튜브 아빠글씨

갓	갓	갓	갓	갓
낮	낮	낮	낮	낮
닺	닺	닺	닺	닺
랒	랒	랒	랒	랒
맞	맞	맞	맞	맞
밪	밪	밪	밪	밪
샂	샂	샂	샂	샂

청암체(붓펜) 정자체 체본

꾸준함만 있으면 반드시 좋은 글씨로 발전하는 것을 확인하실 수 있습니다   유튜브 아빠글씨

앗	앗	앗	앗	앗
잦	잦	잦	잦	잦
찾	찾	찾	찾	찾
캇	캇	캇	캇	캇
탓	탓	탓	탓	탓
팟	팟	팟	팟	팟
핫	핫	핫	핫	핫

갖낮닺랒맞밪샂앚잦찾캊탖팢핮

이번 시간은 '가, 나, 다, 라, 마, 사, 아, 자, 차, 카, 타, 파, 하' 글자에 받침으로 'ㅊ'자를 추가해 보겠습니다. 받침 ㅊ자는 ㅊ자 강의에 자세하게 설명이 되어 있으니 참조하기 바랍니다.

청암체(붓펜) 정자체 체본

꾸준함만 있으면 반드시 좋은 글씨로 발전하는 것을 확인하실 수 있습니다   유튜브 아빠글씨

갖	갖	갖	갖	갖
낮	낮	낮	낮	낮
닻	닻	닻	닻	닻
랓	랓	랓	랓	랓
맞	맞	맞	맞	맞
밫	밫	밫	밫	밫
샃	샃	샃	샃	샃

청암체(붓펜) 정자체 체본

꾸준함만 있으면 반드시 좋은 글씨로 발전하는 것을 확인하실 수 있습니다   유튜브 아빠글씨

앚	앚	앚	앚	앚
잦	잦	잦	잦	잦
찿	찿	찿	찿	찿
캊	캊	캊	캊	캊
턎	턎	턎	턎	턎
팣	팣	팣	팣	팣
핫	핫	핫	핫	핫

각낙닥락막박삭악작착칵탁팍학

이번 시간은 '가, 나, 다, 라, 마, 사, 아, 자, 차, 카, 타, 파, 하' 글자에 받침으로 'ㅋ'자를 추가해 보겠습니다. 받침 ㅋ자는 ㅋ자 강의에 자세하게 설명이 되어 있으니 참조하기 바랍니다.

청암체 (붓펜) 정자체 체본

꾸준함만 있으면 반드시 좋은 글씨로 발전하는 것을 확인하실 수 있습니다   유튜브 아빠글씨

각	각	각	각	각
낙	낙	낙	낙	낙
닥	닥	닥	닥	닥
락	락	락	락	락
막	막	막	막	막
박	박	박	박	박
삭	삭	삭	삭	삭

청암체(붓펜) 정자체 체본

꾸준함만 있으면 반드시 좋은 글씨로 발전하는 것을 확인하실 수 있습니다   유튜브 아빠글씨

악

작

착

칵

탁

팍

학

갇낟닫랃맏받삳앋잗챁캍탙팥핟

이번 시간은 '가, 나, 다, 라, 마, 사, 아, 자, 차, 카, 타, 파, 하' 글자에 받침으로 'ㅌ'자를 추가해 보겠습니다. 받침 ㅌ자는 ㅌ자 강의에 자세하게 설명이 되어 있으니 참조하기 바랍니다.

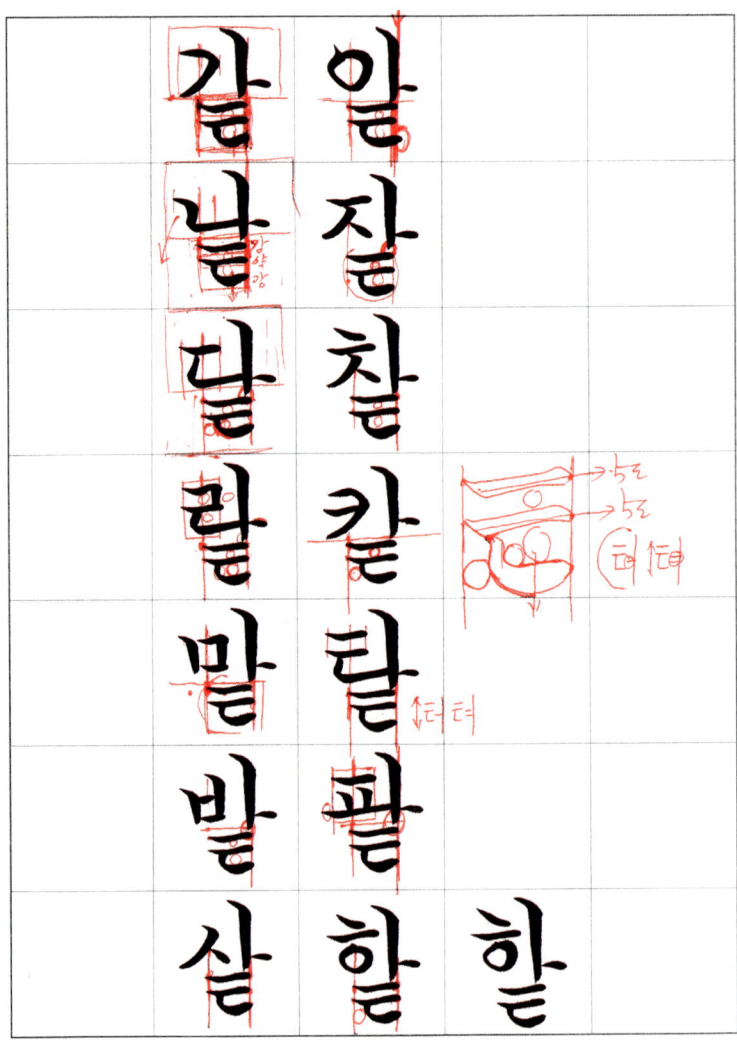

청암체(붓펜) 정자체 체본

꾸준함만 있으면 반드시 좋은 글씨로 발전하는 것을 확인하실 수 있습니다   유튜브 아빠글씨

갈	갈	갈	갈	갈
날	날	날	날	날
닫	닫	닫	닫	닫
랃	랃	랃	랃	랃
맏	맏	맏	맏	맏
받	받	받	받	받
샅	샅	샅	샅	샅

청암체(붓펜) 정자체 체본

꾸준함만 있으면 반드시 좋은 글씨로 발전하는 것을 확인하실 수 있습니다 유튜브 아빠글씨

알 일 일 일 일

잘 잘 잘 잘 잘

찰 찰 찰 찰 찰

칼 칼 칼 칼 칼

탈 탈 탈 탈 탈

팔 팔 팔 팔 팔

할 할 할 할 할

갚낲닾랲맢밮샆앞잪챂캎탚팦핲

이번 시간은 '가, 나, 다, 라, 마, 사, 아, 자, 차, 카, 타, 파, 하' 글자에 받침으로 'ㅍ'자를 추가해 보겠습니다. 받침 ㅍ자는 ㅍ자 강의에 자세하게 설명이 되어 있으니 참조하기 바랍니다.

청암체(붓펜) 정자체 체본

꾸준함만 있으면 반드시 좋은 글씨로 발전하는 것을 확인하실 수 있습니다   유튜브 아빠글씨

갊	갊	갊	갊	갊
낲	낲	낲	낲	낲
닪	닪	닪	닪	닪
랆	랆	랆	랆	랆
맒	맒	맒	맒	맒
밠	밠	밠	밠	밠
삺	삺	삺	삺	삺

청암체(붓펜) 정자체 체본

꾸준함만 있으면 반드시 좋은 글씨로 발전하는 것을 확인하실 수 있습니다   유튜브 아빠글씨

앞	앞	앞	앞	앞
잪	잪	잪	잪	잪
챂	챂	챂	챂	챂
캎	캎	캎	캎	캎
탚	탚	탚	탚	탚
팦	팦	팦	팦	팦
핲	핲	핲	핲	핲

강낭당랑망방상앙장창캉탕팡항

이번 시간은 '가, 나, 다, 라, 마, 사, 아, 자, 차, 카, 타, 파, 하' 글자에 받침으로 'ㅎ'자를 추가해 보겠습니다. 받침 ㅎ자는 ㅎ자 강의에 자세하게 설명이 되어 있으니 참조하기 바랍니다.

청암체(붓펜) 정자체 체본

꾸준함만 있으면 반드시 좋은 글씨로 발전하는 것을 확인하실 수 있습니다   유튜브 아빠글씨

강
낭
당
랑
망
밭
상

청암체(붓펜) 정자체 체본

꾸준함만 있으면 반드시 좋은 글씨로 발전하는 것을 확인하실 수 있습니다 유튜브 아빠글씨

앙

장

창

캉

탕

팡

항

겹받침
(ㄳ, ㄵ, ㄶ, ㄺ, ㄻ, ㄼ, ㄽ, ㄾ, ㄿ, ㅀ, ㅄ)

이번 시간에는 겹받침에 대해서 알아보겠습니다. 앞의 쌍자음도 좀 어려웠지만, 이 겹받침 쓰기도 좀 까다로운 글자입니다. 이 겹받침도 받침을 적기가 많이 복잡합니다. 위의 초성의 글자 밑에 겹받침 첫 자음을 넣어주고, 나머지 공간에 첫 자음보다는 약간 크게 하여 뒤 자음을 마무리해 주면 되겠습니다. 오늘은 이렇게 겹받침 11가지에 대해 중점적으로 알아보겠습니다.

몫 곬 물곬
많다 핥다
맑 읊다
삶 옳
밟고 값을
앉다

청암체(붓펜) 정자체 체본

꾸준함만 있으면 반드시 좋은 글씨로 발전하는 것을 확인하실 수 있습니다 유튜브 아빠글씨

못	못	못	못	못
앉	앉	앉	앉	앉
많	많	많	많	많
맑	맑	맑	맑	맑
삶	삶	삶	삶	삶
밟	밟	밟	밟	밟

청암체(붓펜) 정자체 체본

꾸준함만 있으면 반드시 좋은 글씨로 발전하는 것을 확인하실 수 있습니다   유튜브 아빠글씨

곬

핥

읊

옳

값

작품 감상

「시간이 없어서」라는 변명

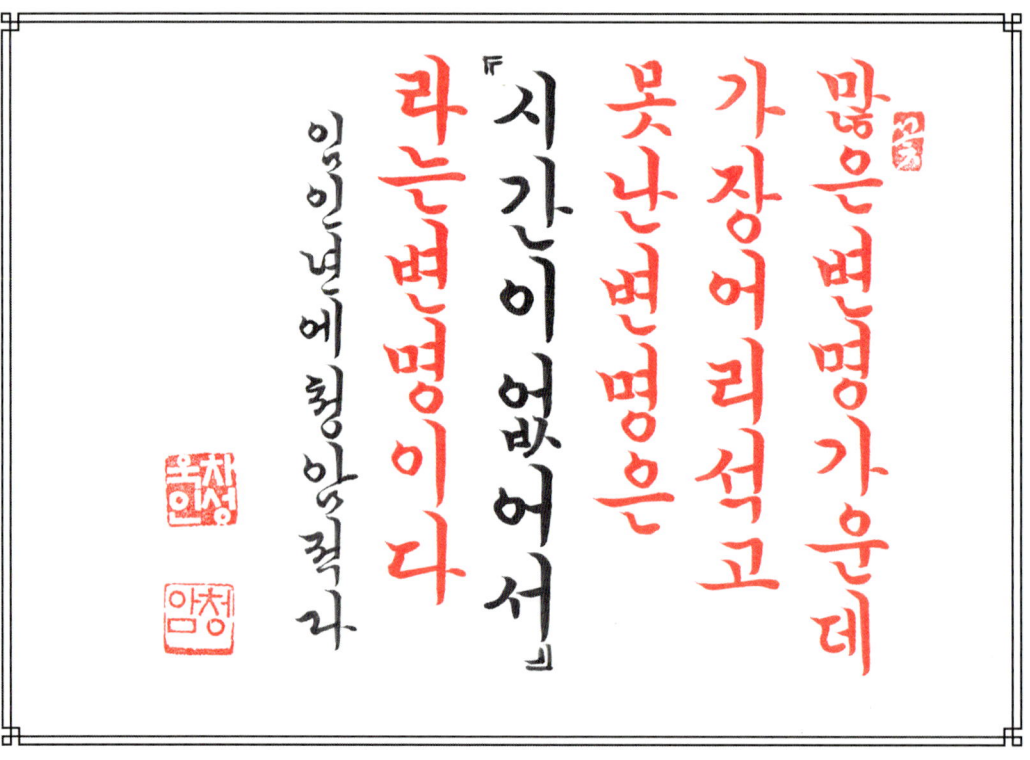

중성 이중모음
(ㅐ, ㅒ, ㅔ, ㅖ, ㅘ, ㅙ, ㅚ, ㅝ, ㅞ, ㅟ, ㅢ)

   이번 시간에는 중성 이중모음(ㅐ, ㅒ, ㅔ, ㅖ, ㅘ, ㅙ, ㅚ, ㅝ, ㅞ, ㅟ, ㅢ)에 대해서 알아보겠습니다. 일반 모음에 아래위로 모음이 하나 더 추가되니 쓰기도 좀 까다로운 글자입니다. 이 중성 이중모음도 쓰기가 일반 모음보다는 조금 복잡합니다. 하지만, 교재를 보면 그렇게 어려운 글자는 아니니 유심히 잘 관찰해 주기 바랍니다. 중성 이중모음은 사이가 복잡하니 모음의 배치를 적절하게 잘해야 합니다.

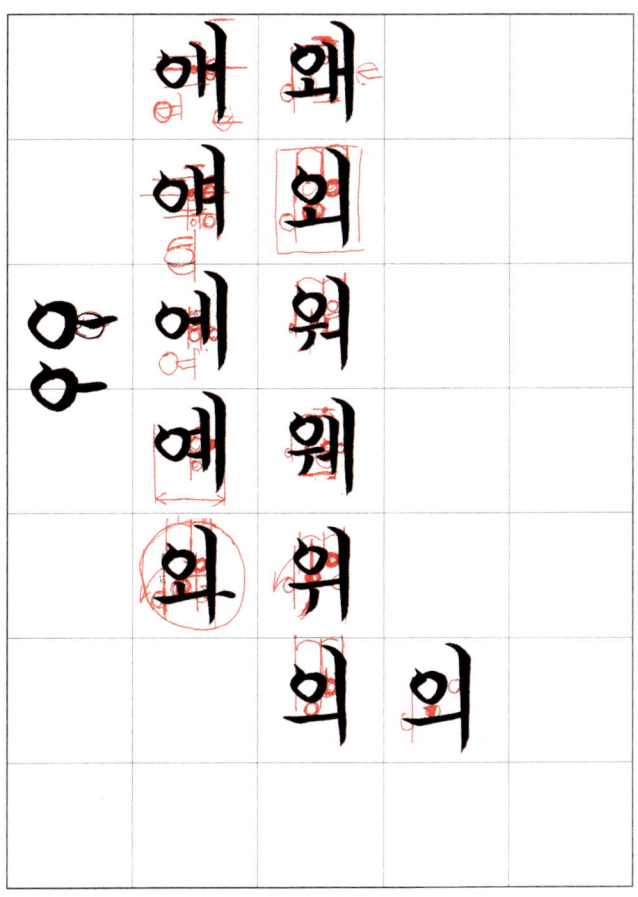

청암체(붓펜) 정자체 체본

꾸준함만 있으면 반드시 좋은 글씨로 발전하는 것을 확인하실 수 있습니다   유튜브 아빠글씨

애
얘
에
예
외

청암체(붓펜) 정자체 체본

꾸준함만 있으면 반드시 좋은 글씨로 발전하는 것을 확인하실 수 있습니다   유튜브 아빠글씨

왜	왜	왜	왜	왜
외	외	외	외	외
워	워	워	워	워
웨	웨	웨	웨	웨
위	위	위	위	위
의	의	의	의	의

짧은 문장 쓰기 1

이번 시간에는 짧은 문장 '아름다운 강산'이라는 글자를 써보는 시간을 가지겠습니다. 획과 글자 하나하나마다 설명을 해보겠습니다. 지금까지 배웠던 모든 것들을 복습하고 익히는 시간입니다.

청암체(붓펜) 정자체 체본

꾸준함만 있으면 반드시 좋은 글씨로 발전하는 것을 확인하실 수 있습니다   유튜브 아빠글씨

아
름
다
운
강
산

짧은 문장 쓰기 2

이번 시간에는 짧은 문장 '무궁화 삼천리'라는 글자를 써보는 시간을 가지겠습니다.

청암체(붓펜) 정자체 체본

꾸준함만 있으면 반드시 좋은 글씨로 발전하는 것을 확인하실 수 있습니다   유튜브 아빠글씨

무
궁
화
삼
천
리

짧은 문장 쓰기 3

이번 시간에는 짧은 문장 '선진국 대한민국'이라는 글자를 써보는 시간을 가지겠습니다.

청암체(붓펜) 정자체 체본

꾸준함만 있으면 반드시 좋은 글씨로 발전하는 것을 확인하실 수 있습니다   유튜브 아빠글씨

선
진
국
대
한
민
국

짧은 문장 쓰기 4

이번 시간에는 짧은 문장 '궁서체, 정자, 흘림'이라는 글자를 써보는 시간을 가지겠습니다.

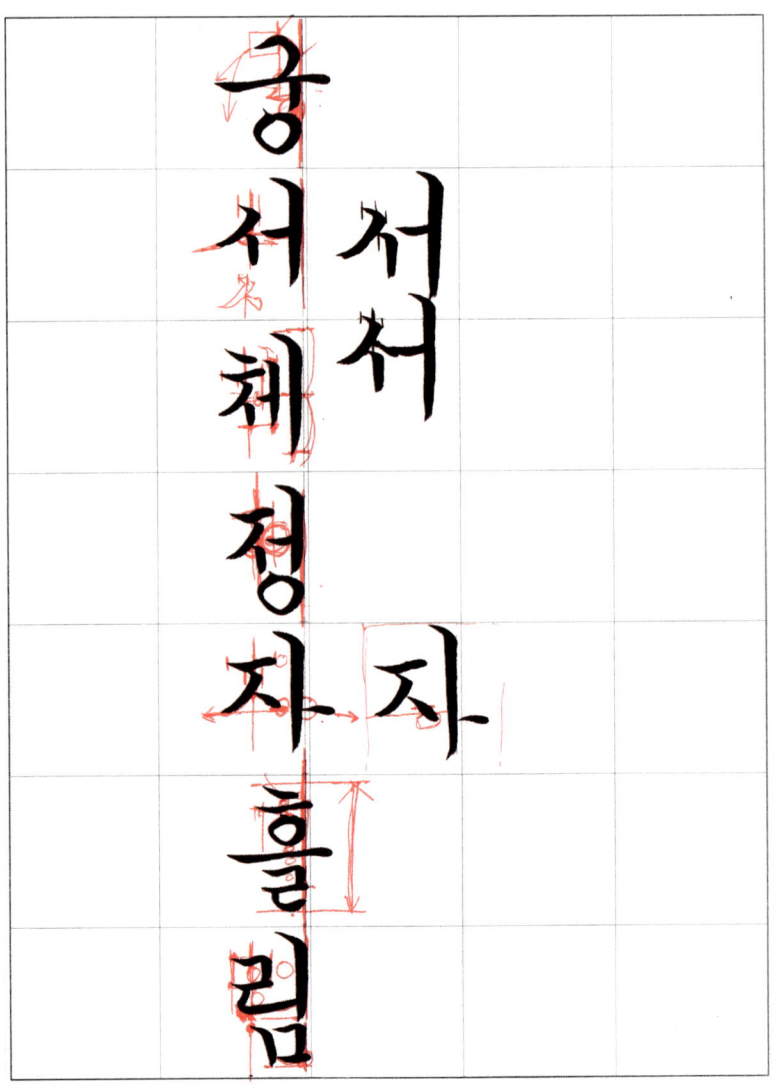

청암체(붓펜) 정자체 체본

꾸준함만 있으면 반드시 좋은 글씨로 발전하는 것을 확인하실 수 있습니다　　유튜브 아빠글씨

궁 서 체 정 자 흘 림

짧은 문장 쓰기 5

이번 시간에는 짧은 문장 '반만년 역사, 팔천만 민족'이라는 글자를 써보는 시간을 가지겠습니다.

청암체(붓펜) 정자체 체본

꾸준함만 있으면 반드시 좋은 글씨로 발전하는 것을 확인하실 수 있습니다   유튜브 아빠글씨

반	반	반	반	반
만	만	만	만	만
년	년	년	년	년
역	역	역	역	역
사	사	사	사	사

청암체 (붓펜) 정자체 체본

꾸준함만 있으면 반드시 좋은 글씨로 발전하는 것을 확인하실 수 있습니다   유튜브 아빠글씨

팔
천
만
민
족

짧은 문장 쓰기 6

이번 시간에는 짧은 문장 '기역, 니은, 디귿, 리을, 미음, 비읍'이라는 글자를 써보는 시간을 가지겠습니다.

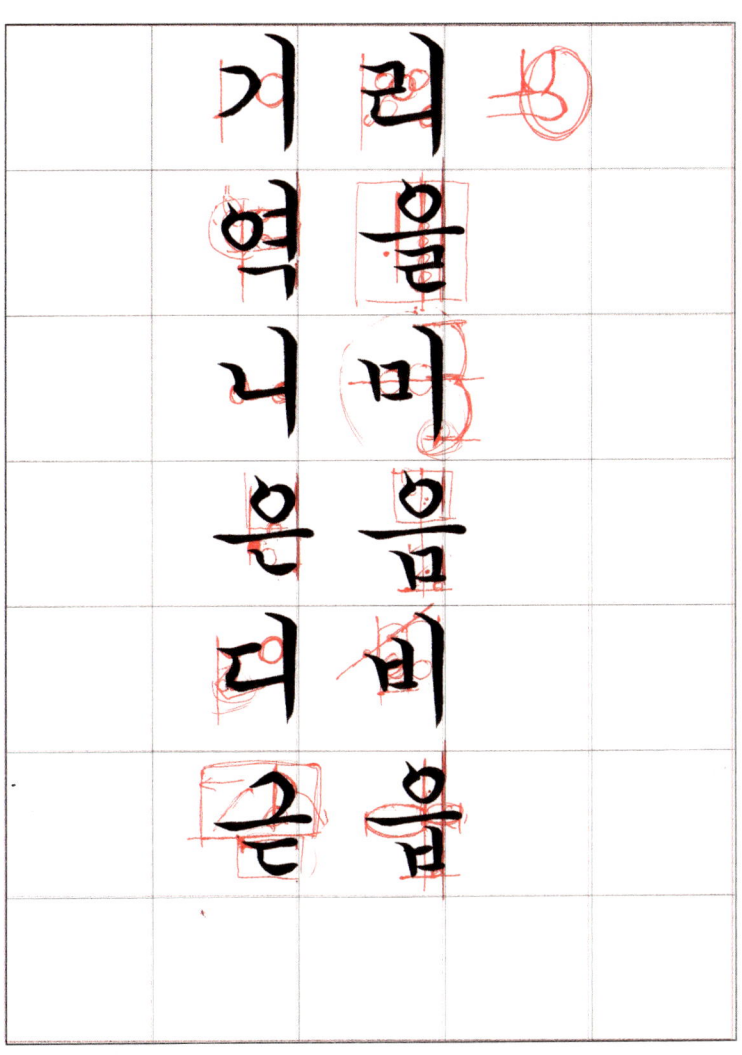

청암체(붓펜) 정자체 체본

꾸준함만 있으면 반드시 좋은 글씨로 발전하는 것을 확인하실 수 있습니다   유튜브 아빠글씨

기	기	기	기	기
역	역	역	역	역
니	니	니	니	니
은	은	은	은	은
디	디	디	디	디
귿	귿	귿	귿	귿

청암체(붓펜) 정자체 체본

꾸준함만 있으면 반드시 좋은 글씨로 발전하는 것을 확인하실 수 있습니다   유튜브 아빠글씨

리
을
미
음
비
읍

경조사 봉투 써보기 1

오늘은 실생활에서 가장 많이 쓰이는 경조사 봉투에 붓펜으로 글씨를 써보는 시간을 가지겠습니다.

경조사 봉투에 자신만의 예쁜 글씨를 담아서 건넨다면, 받는 분들에겐 정성이 가득한 고마움을 한층 더 느낄 수 있으리라 봅니다. 세로로 쓴다면, 세로줄을 확실하게 맞춰야 합니다. 기준선을 안 긋고 해도 자신이 있다면 그렇게 하고, 기준선을 긋고 할 분은 연필로 살짝 긋고 글씨를 쓴 후에 지우개로 지우면 됩니다.

앞면에는 '결혼을 진심으로 축하합니다'를 적어보고 뒷면에는 '인천 김한글'을 적어보겠습니다.

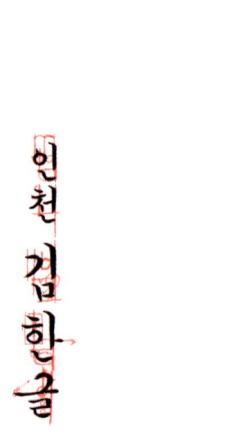

결혼을 진심으로 축하합니다

경조사 봉투 써보기 2

그다음은 돌잔치 봉투입니다.
앞면에는 '첫돌을 진심으로 축하합니다'를 적어보고 뒷면에는 '정읍 이순신'을 적어보겠습니다.

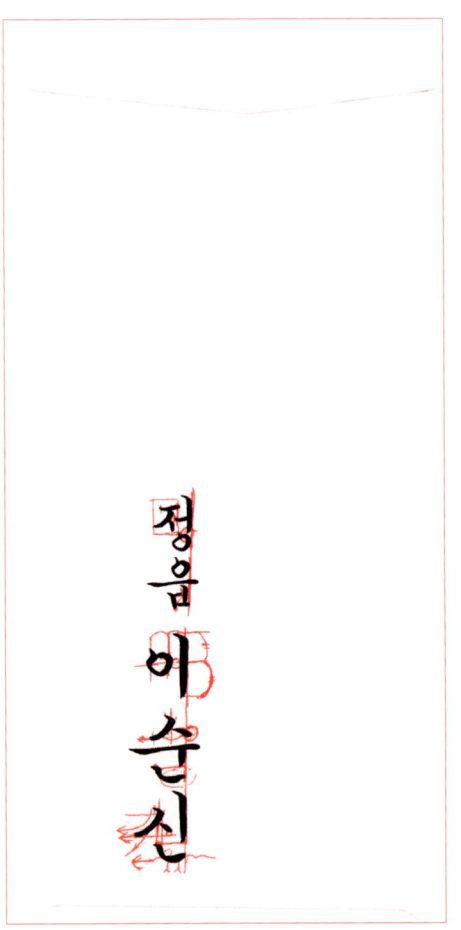

첫 돌을 진심으로 축하합니다

경조사 봉투 써보기 3

그다음은 장례식 봉투입니다.

앞장에는 '삼가 고인의 명복을 빕니다'를 적어보고 뒷면에는 '창원 박하늘'을 적어보겠습니다.

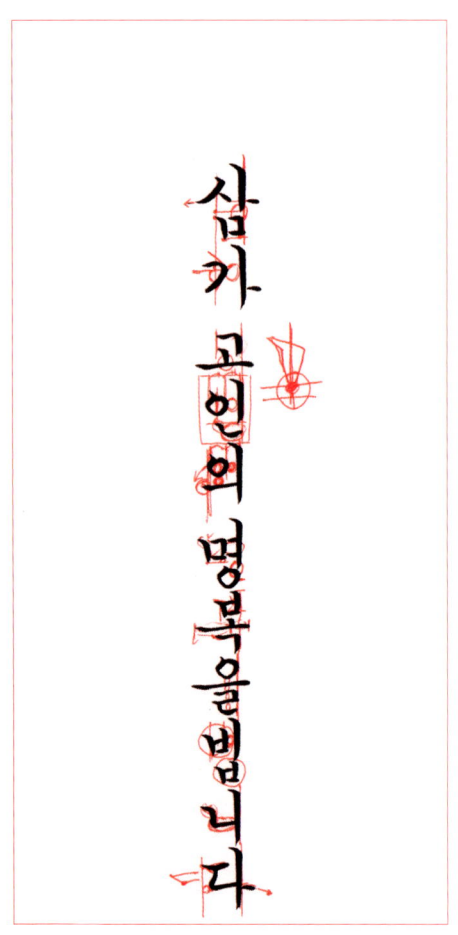

삼가 고인의 명복을 빕니다

경조사 봉투 써보기 4

그다음은 어버이날 봉투입니다.
앞면에는 '어버이 은혜에 감사드립니다'를 적어보고 뒷면에는 '서울 유관순'을 적어보겠습니다.

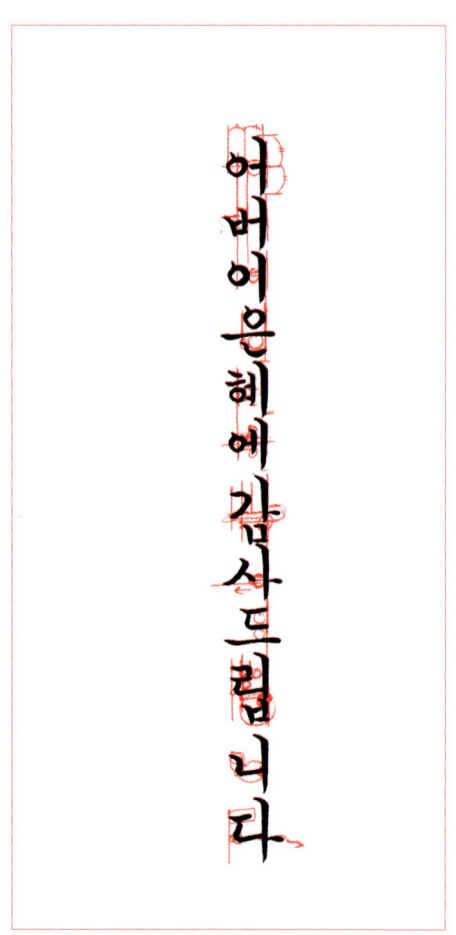
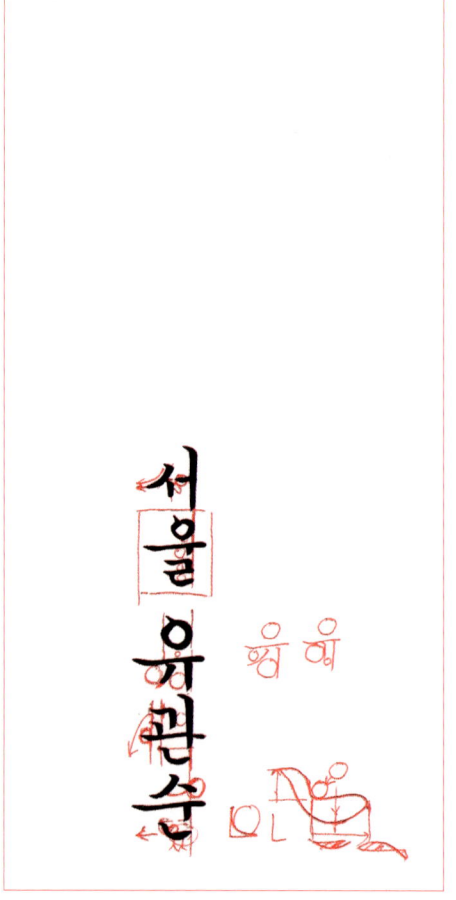

어버이은혜에 감사드립니다

경조사 봉투 써보기 5

그다음은 설날 봉투입니다.

앞면에는 '새해 복 많이 받으세요'를 적어보고 뒷면에는 '정일월 드림'을 적어보겠습니다.

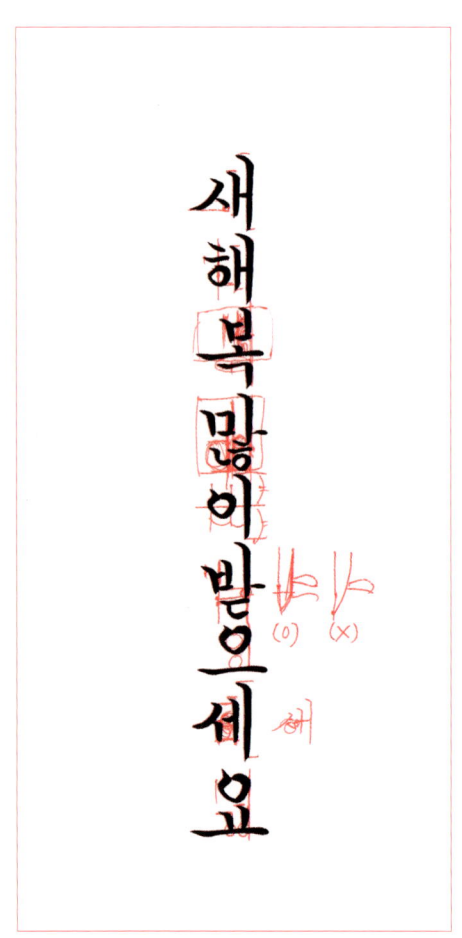

새해 복 많이 받으세요

경조사 봉투 써보기 6

그다음은 추석 봉투입니다.

앞면에는 '풍성한 팔월 한가위 되세요'를 적어보고 뒷면에는 '차팔월 드림'을 적어보겠습니다.

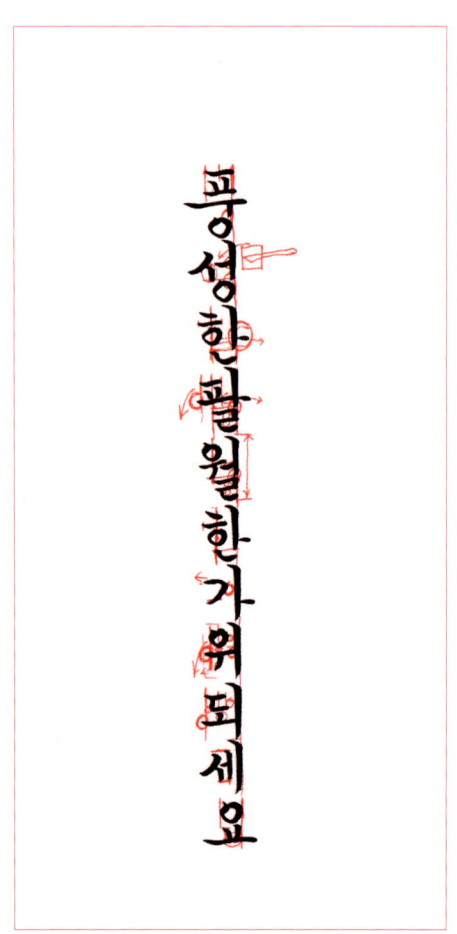

풍성한 팔월한가위 되세요

작품 감상

모나미 볼펜 글씨

세로로 문장 쓰기의 이론

이번 시간에는 세로쓰기의 이론에 대해서 말씀드리겠습니다.

지금까지 저와 함께 5칸 노트 즉, 가로 3cm, 세로 3cm 칸 안에 글자를 써보았습니다. 칸 안에 연습하는 것도 중요하지만, 지금부터는 세로로 쓰는 연습을 병행하도록 하겠습니다.

궁서체의 멋 중 하나가 세로줄 기선에 맞추어 글을 적는 것입니다.

기선에 맞추어 작품을 적어, 세로획이 일직선에 반듯하게 놓이게 되면 글 전체를 누구나 봐도 멋지다고 생각을 하게 되고 만족도도 급상승하게 됩니다.

또한, 세로줄 기선에 맞추어서 써보면, 글자의 시작점과 끝점을 정확하게 익히게 되고, 글자의 방향 감각과 세로획 자체의 가지런한 실력을 올릴 수가 있습니다.

원래 한글 궁서체의 흘림 및 진흘림을 들여다보면, 가로보다 세로의 연결 흐름이 훨씬 용이하게 되어 있고 편하게 되어 있습니다.

칸 안의 70%~80% 글자 크기로 쓰는 것도 중요하고, 어느 정도 되면 세로로 쓰는 것을 추천합니다. 세로로 연습을 하다 보면 그렇게 어렵지 않습니다. 연습을 통해 꼭 이루어내길 바랍니다.

궁서체를청암체

궁서체를청암체 80% 70~80% 기선

청암체(붓펜) 정자체 체본

꾸준함만 있으면 반드시 좋은 글씨로 발전하는 것을 확인하실 수 있습니다 　　유튜브 아빠글씨

궁
서
체
를
청
암
체

긴 문장 쓰기 1

긴 문장이란 짧은 문장을 2~3개 합친 것이라고 보면 됩니다. 그러므로 부담 없이 같이 해 보면 될 것 같습니다. 이번 시간에는 긴 문장 '날로 씀에 편하게 하고저 할 따름임'이라는 글자를 써보는 시간을 가지겠습니다.

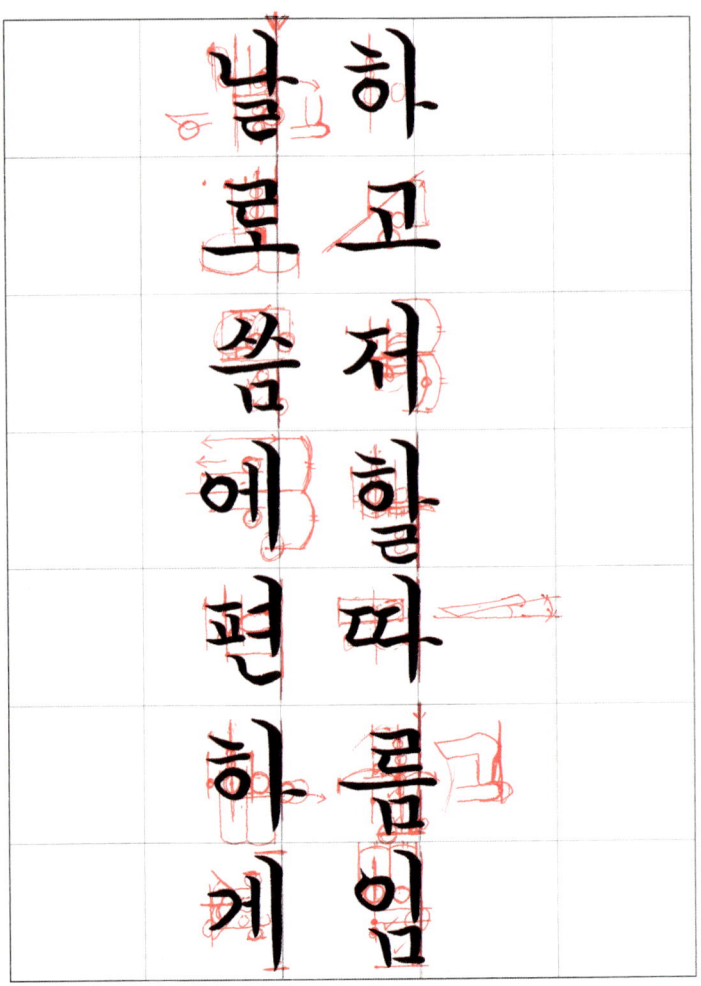

청암체(붓펜) 정자체 체본

꾸준함만 있으면 반드시 좋은 글씨로 발전하는 것을 확인하실 수 있습니다   유튜브 아빠글씨

날
로
씀
에
편
하
게

청암체(붓펜) 정자체 체본

꾸준함만 있으면 반드시 좋은 글씨로 발전하는 것을 확인하실 수 있습니다　　유튜브 아빠글씨

하
고
저
할
따
름
입

긴 문장 쓰기 2

이번 시간에는 긴 문장 '그림 같은 강산에 수 논 듯한 역사가'라는 글자를 써보는 시간을 가지겠습니다.

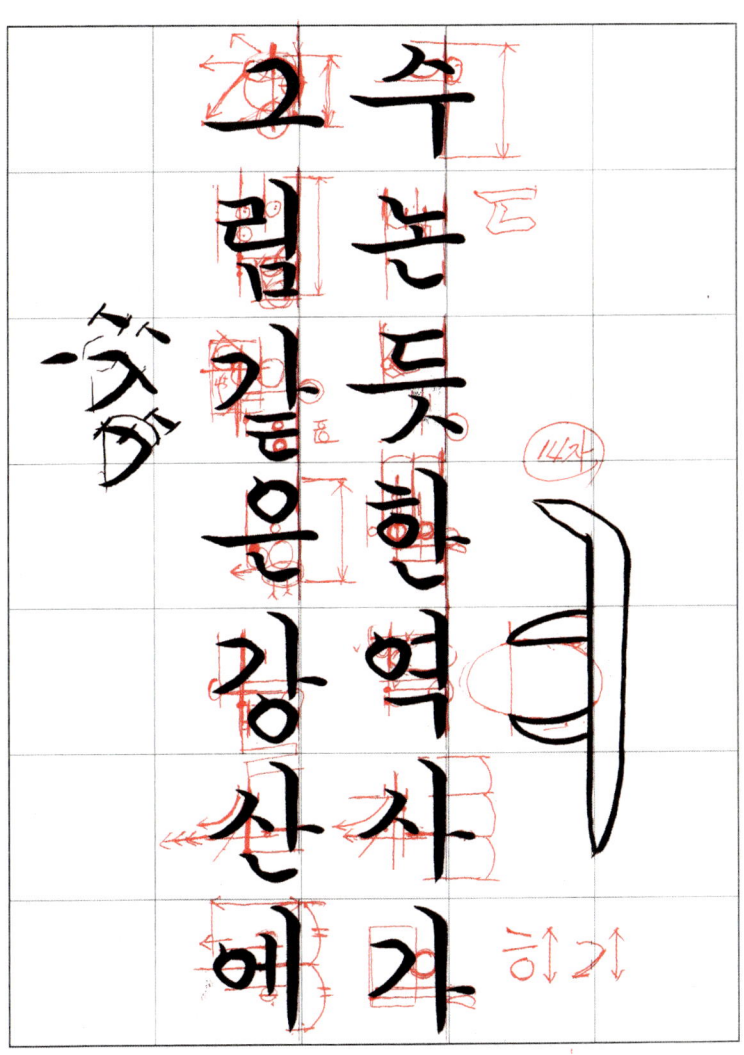

청암체(붓펜) 정자체 체본

꾸준함만 있으면 반드시 좋은 글씨로 발전하는 것을 확인하실 수 있습니다 유튜브 아빠글씨

그
림
같
은
강
산
에

청암체(붓펜) 정자체 체본

꾸준함만 있으면 반드시 좋은 글씨로 발전하는 것을 확인하실 수 있습니다   유튜브 아빠글씨

수
눈
듯
한
역
사
가

긴 문장 쓰기 3

이번 시간에는 긴 문장 '바람은 마음 없이 불며 물은 생각 없이 흐른다'라는 글자를 써보는 시간을 가지겠습니다.

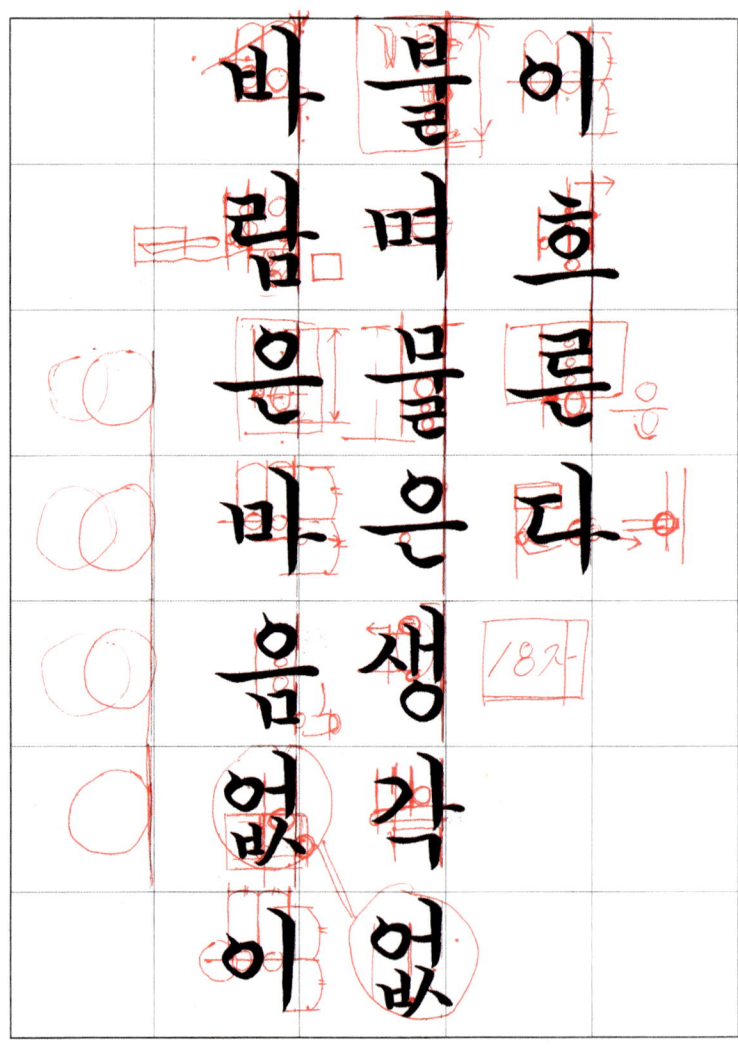

청암체(붓펜) 정자체 체본

꾸준함만 있으면 반드시 좋은 글씨로 발전하는 것을 확인하실 수 있습니다   유튜브 아빠글씨

바
람
은
마
음
없
이

청암체(붓펜) 정자체 체본

꾸준함만 있으면 반드시 좋은 글씨로 발전하는 것을 확인하실 수 있습니다　　유튜브 아빠글씨

불
며
물
은
생
각
없

청암체(붓펜) 정자체 체본

꾸준함만 있으면 반드시 좋은 글씨로 발전하는 것을 확인하실 수 있습니다   유튜브 아빠글씨

이
흐
른
다

긴 문장 쓰기 4

이번 시간에는 긴 문장 '글씨를 잘 쓰려면 마음을 바르게 가져야 한다'라는 글자를 써보는 시간을 가지겠습니다.

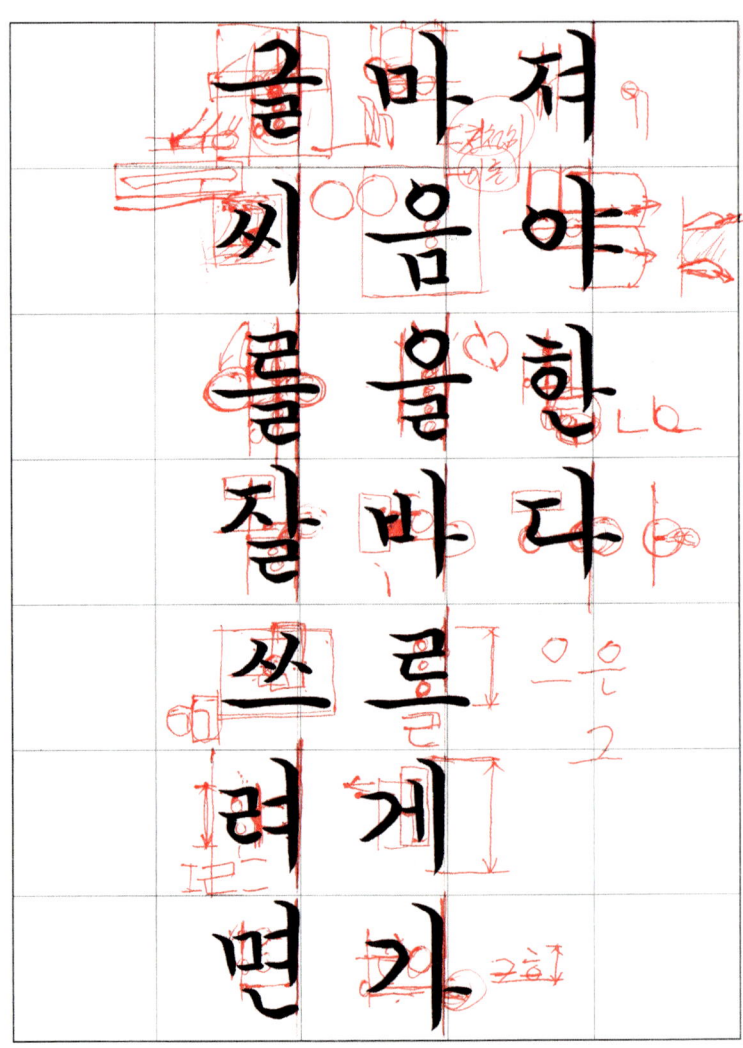

청암체(붓펜) 정자체 체본

꾸준함만 있으면 반드시 좋은 글씨로 발전하는 것을 확인하실 수 있습니다 　　유튜브 아빠글씨

바르게 가져야 한다.

글씨를 잘 쓰려면 마음을

긴 문장 쓰기 5

이번 시간에는 긴 문장 '세종대왕, 훈민정음, 궁체는 우리 글씨의 근본이다'라는 글자를 써 보는 시간을 가지겠습니다.

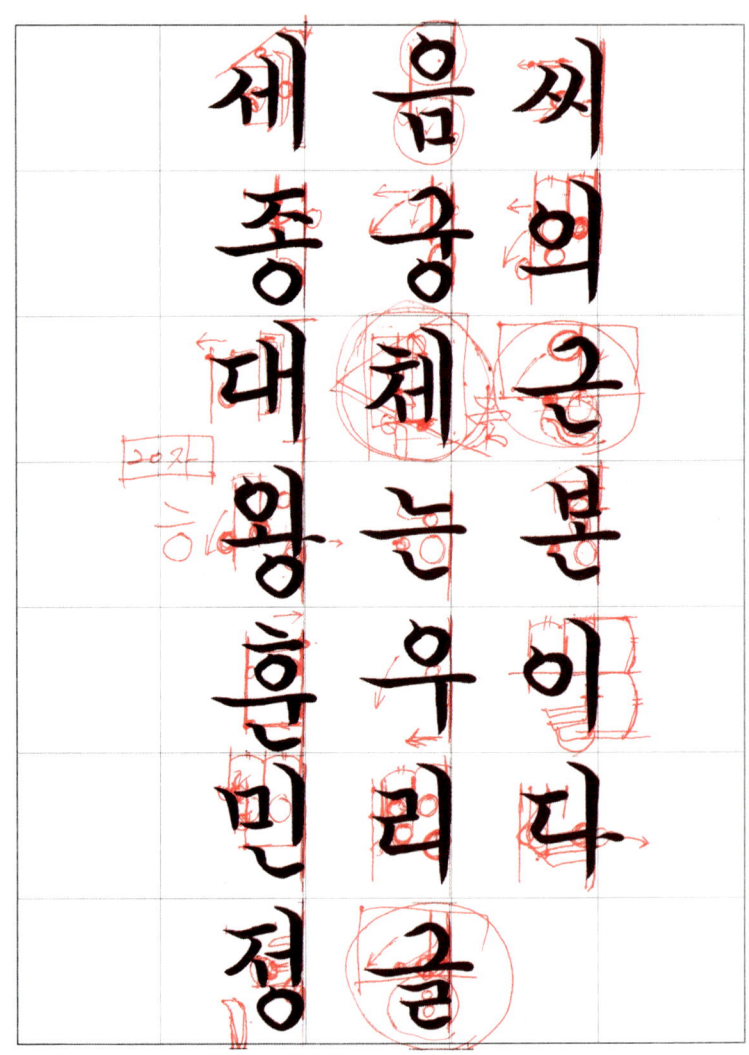

청암체(붓펜) 정자체 체본

꾸준함만 있으면 반드시 좋은 글씨로 발전하는 것을 확인하실 수 있습니다 유튜브 아빠글씨

세종대왕훈민정음궁체

눈우리글씨의 근본이다

긴 문장 쓰기 6

이번 시간에는 긴 문장 '용비어천가, 대동여지도, 명랑한 말로 친절히 하자'라는 글자를 써 보는 시간을 가지겠습니다.

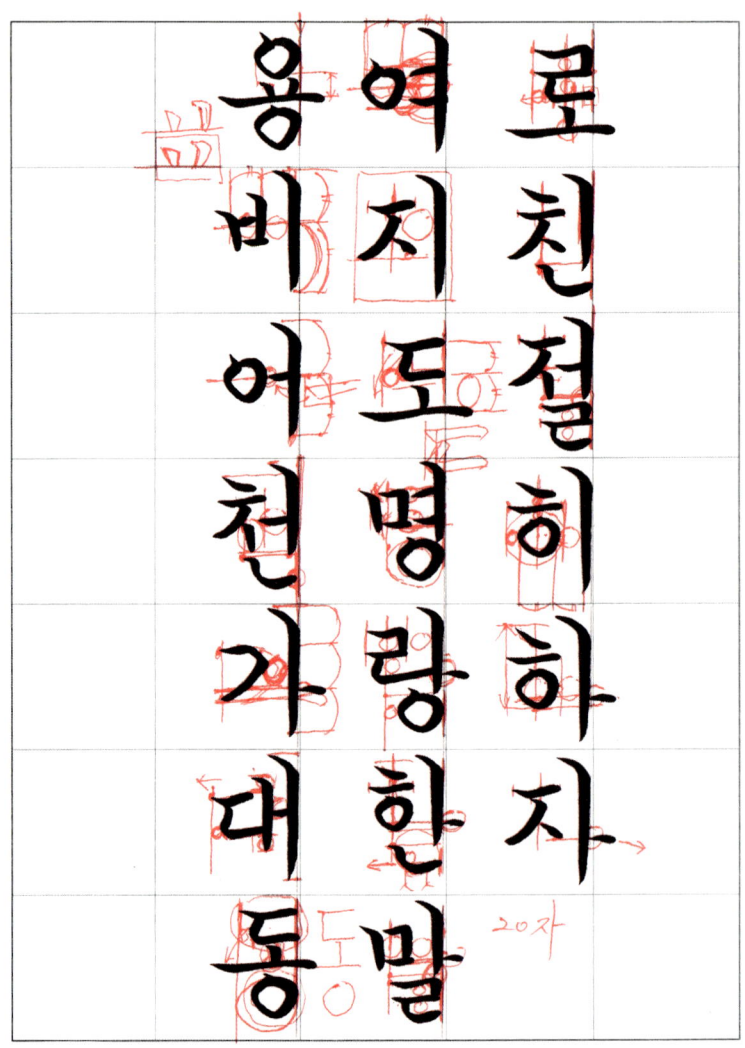

청암체(붓펜) 정자체 체본

꾸준함만 있으면 반드시 좋은 글씨로 발전하는 것을 확인하실 수 있습니다   유튜브 아빠글씨

명랑한말로 친절히 하자

용비어천가 대동여지도

긴 문장 쓰기 7

이번 시간에는 긴 문장 '새로 스물여덟 자를 만드노니 사람마다 쉬이 익혀'라는 글자를 써 보는 시간을 가지겠습니다.

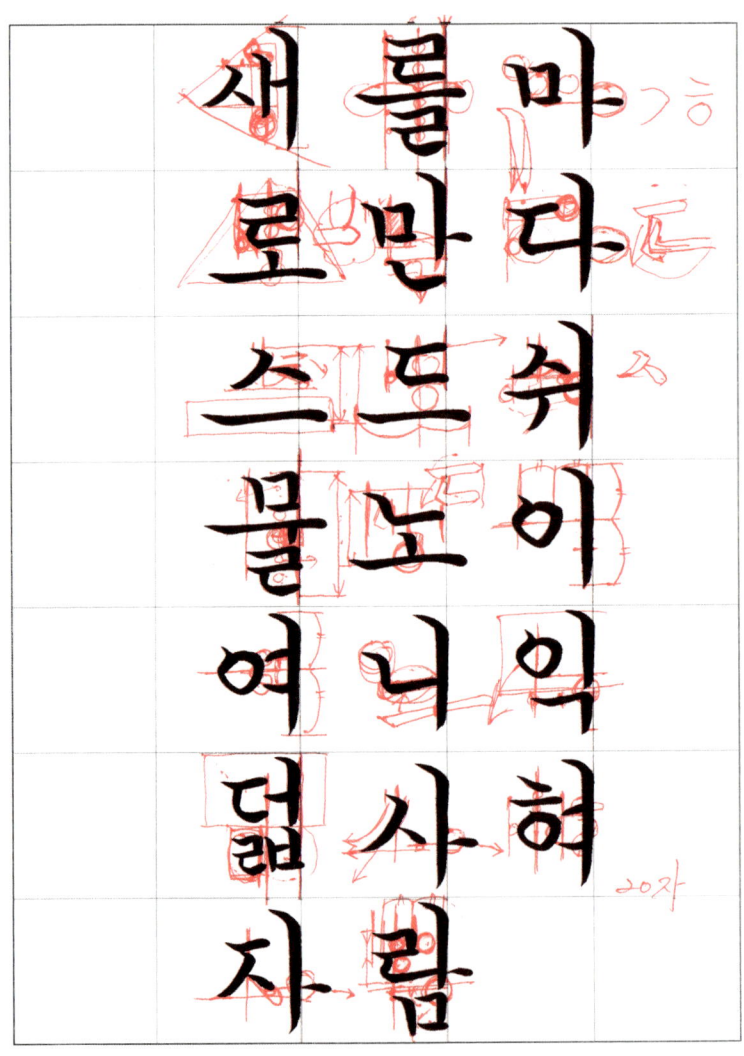

청암체(붓펜) 정자체 체본

꾸준함만 있으면 반드시 좋은 글씨로 발전하는 것을 확인하실 수 있습니다 유튜브 아빠글씨

노ㄴ사람마다 쉬이 익혀

새로 스물여덟자를 만드ㅣ

8칸 노트에
작은 글씨로 시 쓰기

제가 늘 강조했던 말이 하나 있습니다.
무엇이냐면, 글씨교정을 할 땐, 큰 글씨부터 배워야 한다는 것입니다.

그래서 지금까지 모나미 붓펜으로 최고 크게 연습할 수 있는 것이 5칸 노트의 가로×세로가 3cm×3cm였습니다. 오늘부터는 가로×세로가 2cm×2cm인 8칸 노트로 해보겠습니다.

이때까지 5칸 노트를 꾸준하게 연습해 왔다면 더 작은 글씨인 8칸 노트는 적응만 되면 더 쉽게 글씨를 쓸 수 있을 것이라고 봅니다. 그러므로 아무 부담 없이 같이 해보면 될 것 같습니다.

8칸 노트로 작은 글씨 연습하기

이번 시간에는 8칸 노트에 작은 글씨로 '무궁화 꽃이 피었습니다'라는 글자를 써보는 시간을 가지겠습니다.

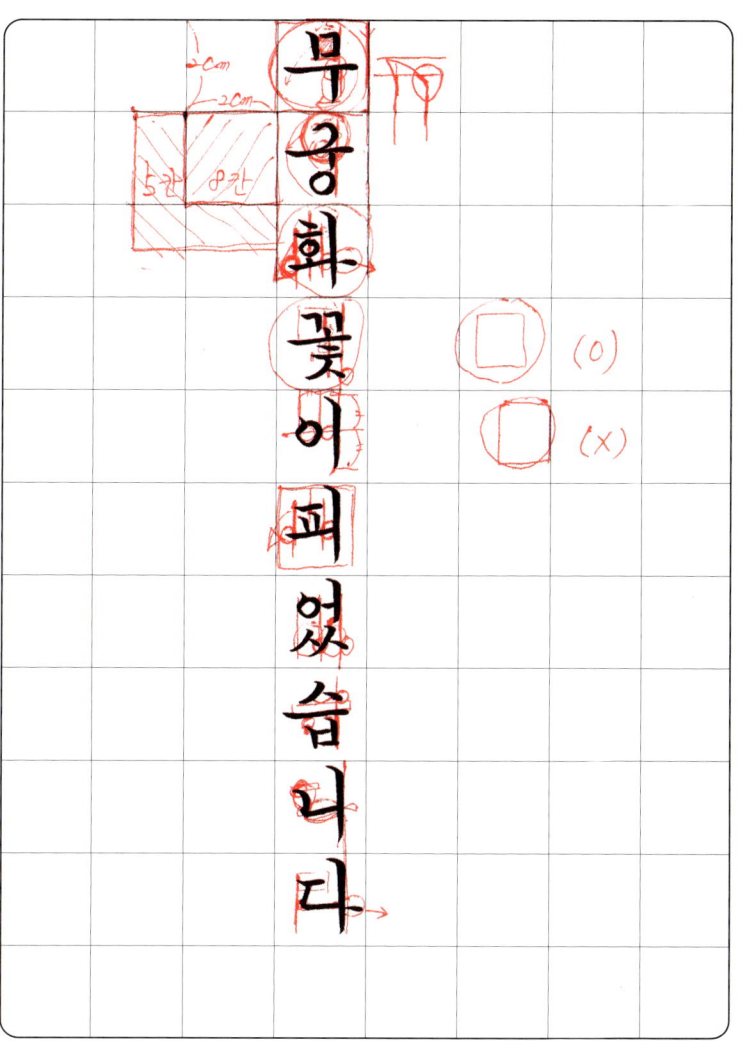

청암체(붓펜) 정자체 체본

꾸준함만 있으면 반드시 좋은 글씨로 발전하는 것을 확인하실 수 있습니다 유튜브 아빠글씨

무궁화 꽃이 피었습니다

낙관 전과 낙관 후의 작품 비교

이번 시간에는 작품에 낙관이 없는 것과 낙관을 찍은 것을 비교하는 시간을 가져보겠습니다.

낙관은 작품을 완성하고 난 후, 자신의 작품이라는 것을 입증하기 위한 도장이라고 해도 되겠습니다. 그러므로 낙관이 없는 작품은 미완성 작품이라고 봐야겠죠.

낙관 전과 후가 어떻게 바뀌는지 비교를 해보기 바랍니다.

청암체 "붓펜" 글씨 잘쓰는 법 설명

꾸준함만 있으면 반드시 좋은 글씨로 발전하는 것을 확인하실 수 있습니다   유튜브 아빠글씨

10. 붓펜 끝에 힘을 가하고 우측 빛 아래 방향으로 모양을 만든다
11. 붓펜을 누른 상태에서 우측편으로 가면서 서서히 붓펜을 들어준다
12. ㄴ자 안쪽 면은 갈아 먹지 않으면서 조그만 원이 들어간다는 느낌으로 만든다
13. ㄴ자 밑의, 위쪽 모양은 물이 넘칠듯 말듯 하여 마치 연꽃잎에 물을 한방울만 담아도 쏟아질 형상이다
14. 가로 보다 세로를 더 길게 쓰되, 호수 위에 떠있는 오리를 연상하며 ㄴ를 쓴다
15. 세번째로, "노뇨누뉴느"에 쓰이는 ㄴ자이다.

청암체 "붓펜" 글씨 잘쓰는 법 설명

꾸준함만 있으면 반드시 좋은 글씨로 발전하는 것을 확인하실 수 있습니다   유튜브 아빠글씨

1. 세로획에 붓펜 끝을 가볍고 약하게 대어
2. 세로획에 평점을 찍고, 아래로 약간 처질듯 눌러 마무리를 한다.
3. 점획의 모양은 가로획의 끝부분을 세로획에 약하게 접하여 붙인 것이다.
4. 점은 좌측의 초성 글자 밑 부분과 맞추어 시작한다
5. 나무에 나뭇잎이 달려있는 형상처럼 세로획에 떨어질듯 말듯 최대한 가늘게 붙인다.
6. 잘못된 예시를 기억하며 "ㅏ" 자를 연습한다.

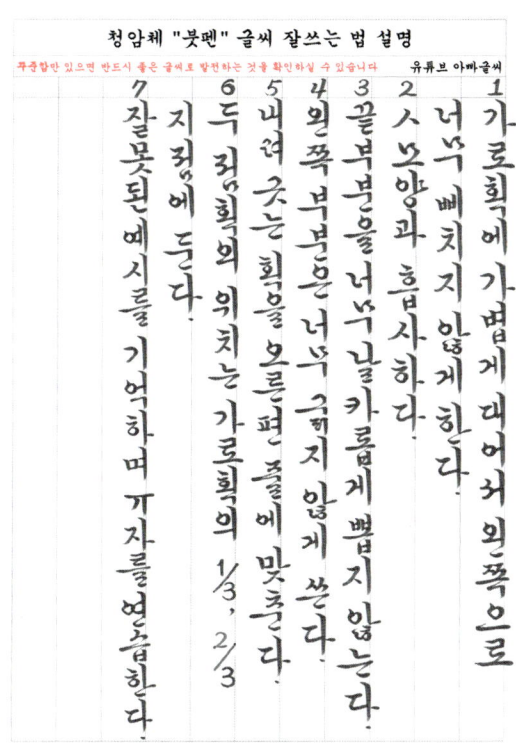
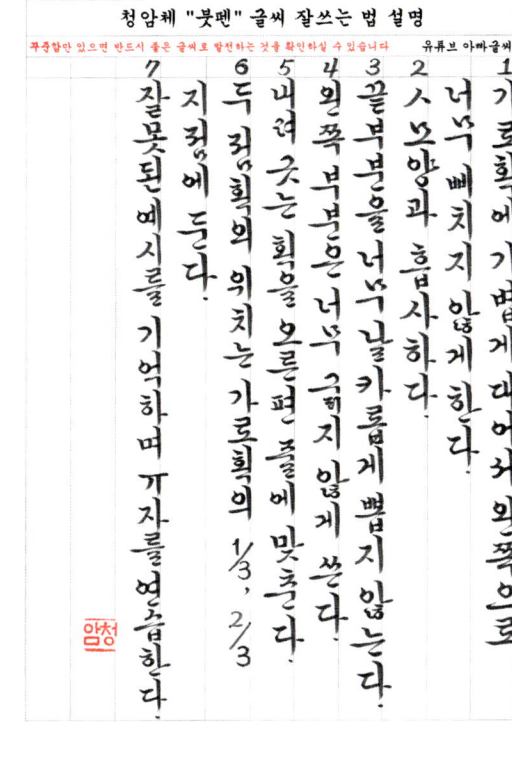
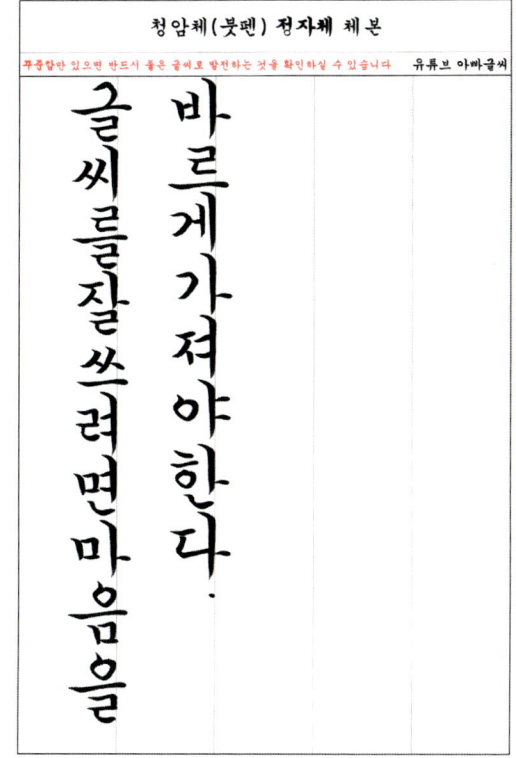
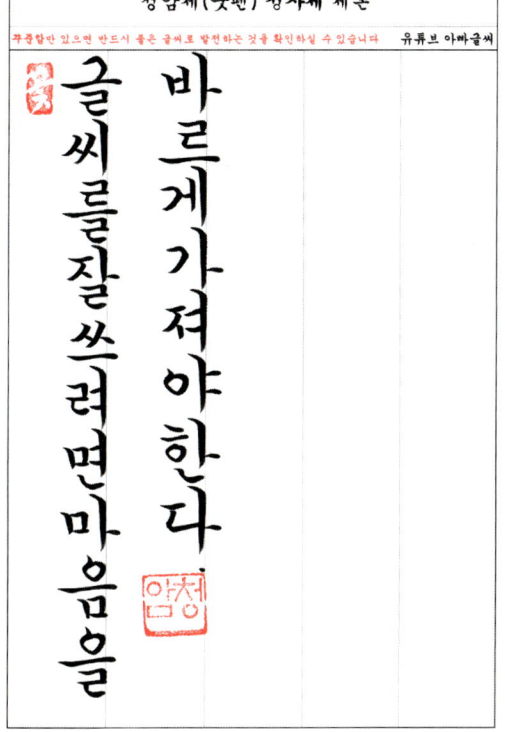

147강

나만의 예쁜 낙관

이제 모든 강의가 끝났습니다.
그동안 청암체 붓펜 궁서체 글씨 쓰기 공부를 한다고 너무 고생이 많았습니다.

낙관을 찍는 것은 작품이 완성되었다는 의미이고 자신의 작품임을 입증하기 위한 징표를 남기는 것이라 하겠습니다. 이처럼 낙관은 그 작품을 한층 더 고급스럽게 하고 값어치 있게 보이도록 하는 마력을 발휘합니다.

꼭 작품이 아니더라도 어느 곳이든 낙관을 찍어보면 정말 돋보입니다. 노트나 사진이나 메모장이나 책등에도 자신만의 징표를 남겨보면 기분이 좋아지기도 합니다.

▲낙관 작품 공간

▲낙관 돌의 종류

▲낙관 작품들

▲낙관 인고(밑그림) 전의 낙관돌 고정

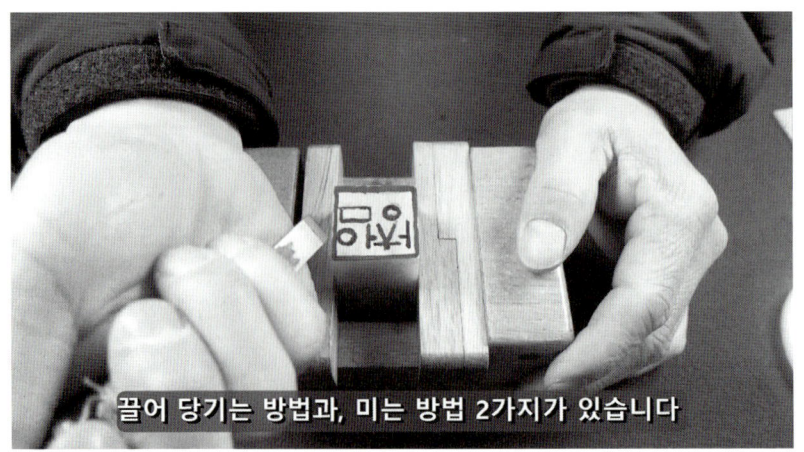

▲낙관 작업 시작

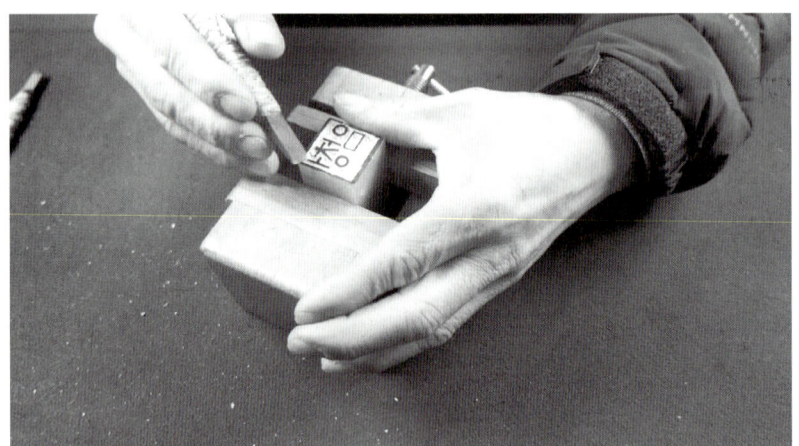

▲낙관 1차 작업

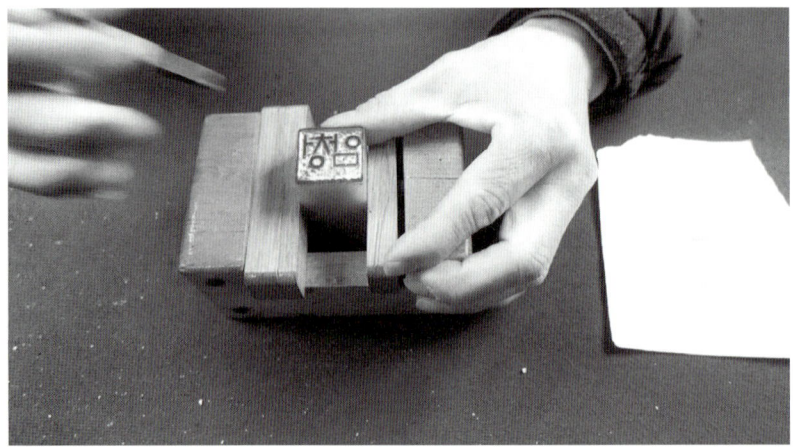

▲낙관 1차 수정 작업

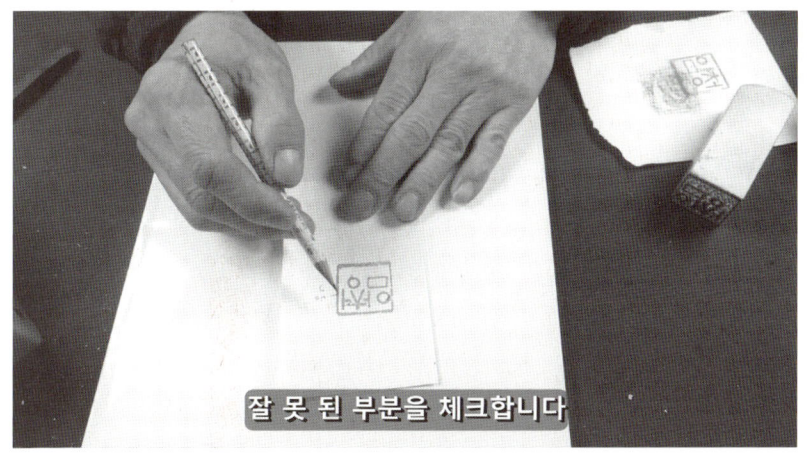

▲낙관 2차 수정할 부분 상세 체크

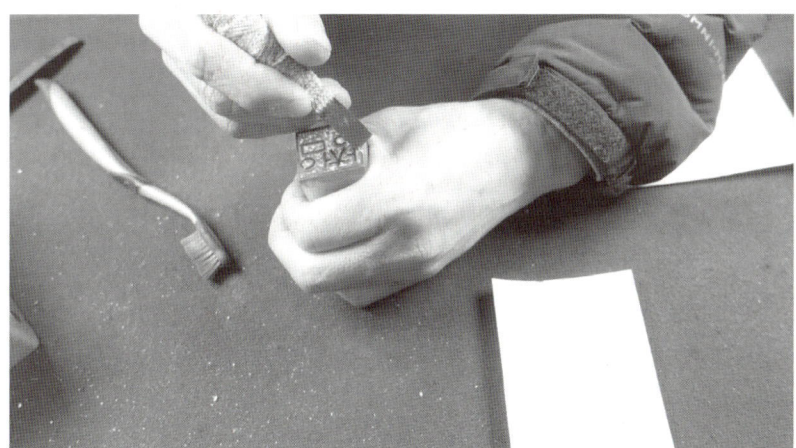

▲낙관 2차 수정 작업

▲낙관 완성

147강 나만의 예쁜 낙관

부록

궁서체 글씨 작품 감상

1. 여성시대에 사연 투고

『여성시대』
양희은, 서경석 님께

손편지 차성욱 드림
(갑지포함 총 10장)

양희은, 서경석 님!
두 분 모두 안녕하세요
저는 출·퇴근 시간에 여성시대를
라디오 다시 듣기로 돌려보는
지독한 애청자입니다.
저는 손글씨 중 붓펜글씨와 펜글씨로
두 분께 소식을 전하려 합니다.
제 사연이 잘 도착해서 봄 소식과 더불
어 행운의 소식도 함께했음 좋겠습니다.
저는 평범한 직장을 다니면서 딸 셋
자녀를 둔 아빠입니다.
사는 곳은 유행어 "머선 일이고"의
주인공 "강호동" 고향 마산 입니다.
작년 봄과 이번 신축년 봄은 저에게
딴 세상 삶을 살고 있는 것 같습니다.
작년 이맘 때 저의 퇴근 후 생활은

(1)

무협 만화와 웹툰 만화를 보는게 전부였습니다. 화면을 크게 보기위해 태블릿 PC 까지 구입해서 자기전 까지 7개월 가량을 보다보니 시력도 많이 나빠졌고, 웹툰 구독료도 몇십만 원이나 나가고. 건강도 안좋아졌고 해서 그러면서 아~ 이생활은 정말 안되겠다 라는 생각을 하면서 유튜브를 보는데, 알고리즘이 저한테 글씨에 대한 창을 하나 띄워 주더라구요.
저는 어릴때부터 글씨에 관심이 많았고 대학시절도, 군에 갈때도 붓글씨, 차트 글씨, 펜글씨를 주특기로, 제대할때까지 교육 시간을 제외하고는 주로 손글씨를 쓰는 군 생활을 했습니다. 직장을 다니면서도 붓글씨 학원은 당연하구요.

(2)

그래서 아내와 딸 셋과 가족의 눈 끝에 아빠가 가장 잘하고 재미있어 하는 손글씨를 채널로 하는 유튜브를 시작하기로 했습니다.
채널 이름은 매일 친숙하게 듣고 있는 "아빠"라는 단어와 "글씨"라는 단어를 조합하여 "아빠 글씨 TV"로 칭했습니다.
30년 넘게 썩혀 두었던 먼지를 털어내고 본격적인 글자를 살펴 보고, 연구하고, 고민하고, 공부하여 고본 컴퓨터를 해나가면서 생전처음 접해보는 편집도 유튜브로 하나 하나씩 독학을 해나갔습니다.
이제야 웹툰 이라는 긴 터널에서 나와 의미있는 생활을 하는것 같았습니다.

(3)

하지만 글씨는 빠른 회복을 보였는데 편집과 제작이라는 벽에 부딪혀 저녁 퇴근 후 3시간, 토·일요일에는 15시간 가량을 할애하는 의미있는 시간을 몇 개월 가량을 보냈습니다.

저는 일중 김충현 선생님의 한글 붓글씨를 중심으로 붓펜글씨를 쳬계적으로 강좌를 하기로 했습니다.

어느 누구나 배우기 쉽고, 포기하지 않는 강좌를 기획하고 연구했습니다.

군대에서의 경력과 대학교 3학년 때 부산에서 고 김영삼 대통령 후보 시절에 수많은 상장을 붓펜으로 (아르바이트) 써왔던 경력과, 직장 다니며 틈틈이 붓글씨 학원을 다녔던 경력으로 강좌 준비를 해나갔습니다.

(4)

더더구나 코로나 19로 인해 모든 약속이 없어지니, 시간도 많거니와 무료해진 집에서 제가 가장 잘할 수 있고, 제일 재미있어 하는 일을 한다는 것이 큰 축복처럼 느껴졌습니다.

코로나 19시대에 온 국민이 힘들어 하고 있습니다. 특히나 집에서 보내는 시간이 많아진 요즘, 제가 강좌할 손글씨를 배우시면 저처럼 새로운 취미생활로 활기찬 하루하루가 될 수 있지 않을까 생각합니다.

이렇게 아름답고 과학적이고 창조적인 한글을 널리 알리고 싶었고, 자신감 넘치는 제 강좌를 보시고 대한민국 손글씨가 한층 업그레이드 되는게 저의 조그만 목표였습니다.

(5)

오늘날에는 붓글씨와 손글씨는 많지만 붓펜글씨 강좌를 하는 곳이 없거나 붓펜글씨 궁체 쇠 하나만 제대로 완성하고 나면, '볼펜글씨', '연필글씨', 매직펜글씨, 딥펜글씨, 젤펜글씨, 만년필글씨, 캘리그라피, 깍둑기 글씨 등 손으로 쓰는 모든 글씨를 훨씬 빠르고 바르게 습득이 가능하다는 최고의 장점이 있습니다. 손글씨를 예쁘게 쓴다는건 단순히 글을 쓴다는 개념을 뛰어넘어서 엄청난 집중력과 손과 눈의 운동, 좋아하는 것 뇌운동까지 하여 모든 잡념들을 없애고 편안한 정신세계를 열어줍니다. 차차 좋아지는 손글씨를 보면 해냈다는 자기 만족과 함께 오감만족, 인내력 등 그 성취감은 이루 말할 수 없을만큼 좋습니다.

그 단계를 뛰어넘어써 또 쓰며 쌓기를 위해 좋은 글과 좋은 시 등을 접하게 되고 또한 정신세계를 맑게 하고 건전하게 하고 긍정적인 사고로 바꾸게 합니다. 사실, 붓글씨를 배우려면 학원의 시간적 투자, 높은 비용, 많은 공간, 구비, 붓, 벼루 먹, 화선지, 서진, 뒷처리 등 여러 준비물들의 귀차니즘, 긴 배움의 시간 등이 있지만, 붓펜의 최고 장점은 간편함과 저렴함에 있습니다. 준비물은 딱 3가지 입니다.
첫째, 모나미 붓펜 1자루 (1600원)
둘째, 종이
셋째, 글씨를 잘 써보겠다는 마음가짐
이 3가지만 준비하면 제 아무리 천하의 악필이라도 꾸준하게 따라만 오신다면 글 잘 쓴다는 소리를 평생 지겹도록 들을 것입니다.

(8)

특히나 이런분은 대환영입니다.
1. 현재 악필로인해 여러가지로 불편을 겪고 계신분
2. 평소에 글씨에 관심이 많아 손글씨를 잘쓰고 싶으신 분
3. 한번쯤 글쓰기에 도전하여 실패하신분
4. 붓펜글씨(전통 궁서체)를 배우고 싶으신 분
5. 아이를 어릴때부터 예쁜글씨로 가르치고 싶으신 분
6. 교육적 강의나 칠판글씨등 멋진 손글씨가 필요하신 분
7. 취미로 예쁜 손글씨를 배우고 싶으신 분

2021년 1월 31일에 첫 유튜브 영상을 올린 갓 입문한 새내기였고, 이제는 제법 20개가 넘는 영상이 올라갔습니다.

저의 본격적인 붓펜글씨 강좌는 2021년 3월 24일 기초쓰기부터 시작이 됩니다.

만약에 이 편지가 여성시대에 채택이 된다면, 많은 분들의 손글씨 향상과 정신수양에 큰 보탬이 되리라 생각하며 나아가서, 미약하나마 유튜브로 한글의 우수성을 세계에 홍보하며, 코로나19의 무료함에 많은 분들에게 새로운 취미 생활로

(9)

큰 도움이 될거라 믿습니다.
강좌 뿐만 아니라 힐링의 작품과 감동의 종은 글과 다양하고 유익한 영상으로 아빠글씨TV를 운영하고 있으니 양희은, 서경석 두분께서도 꼭 한번 검색해 보시면 영광이 겠습니다. 그리고, 여성시대의 더욱더 번창함을 기원합니다.
감사합니다.

▶새내기 유튜브 아빠글씨TV 드림◀

양희은 서경석의
여·성·시·대~

2. 반야심경

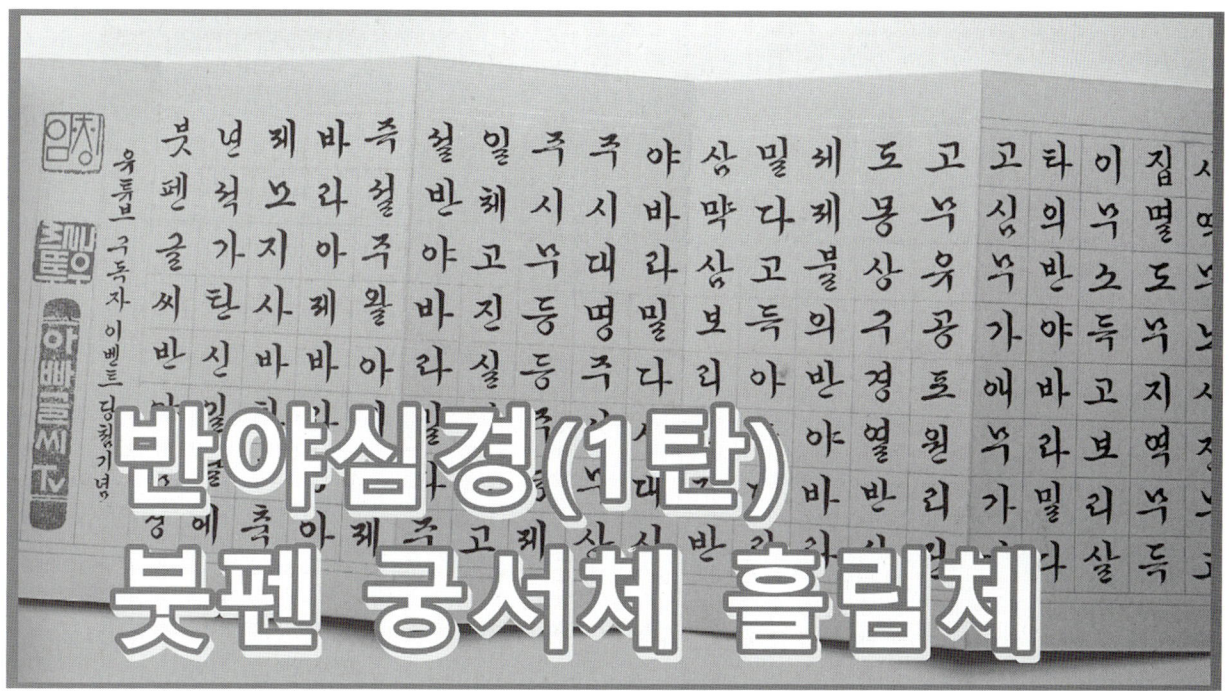

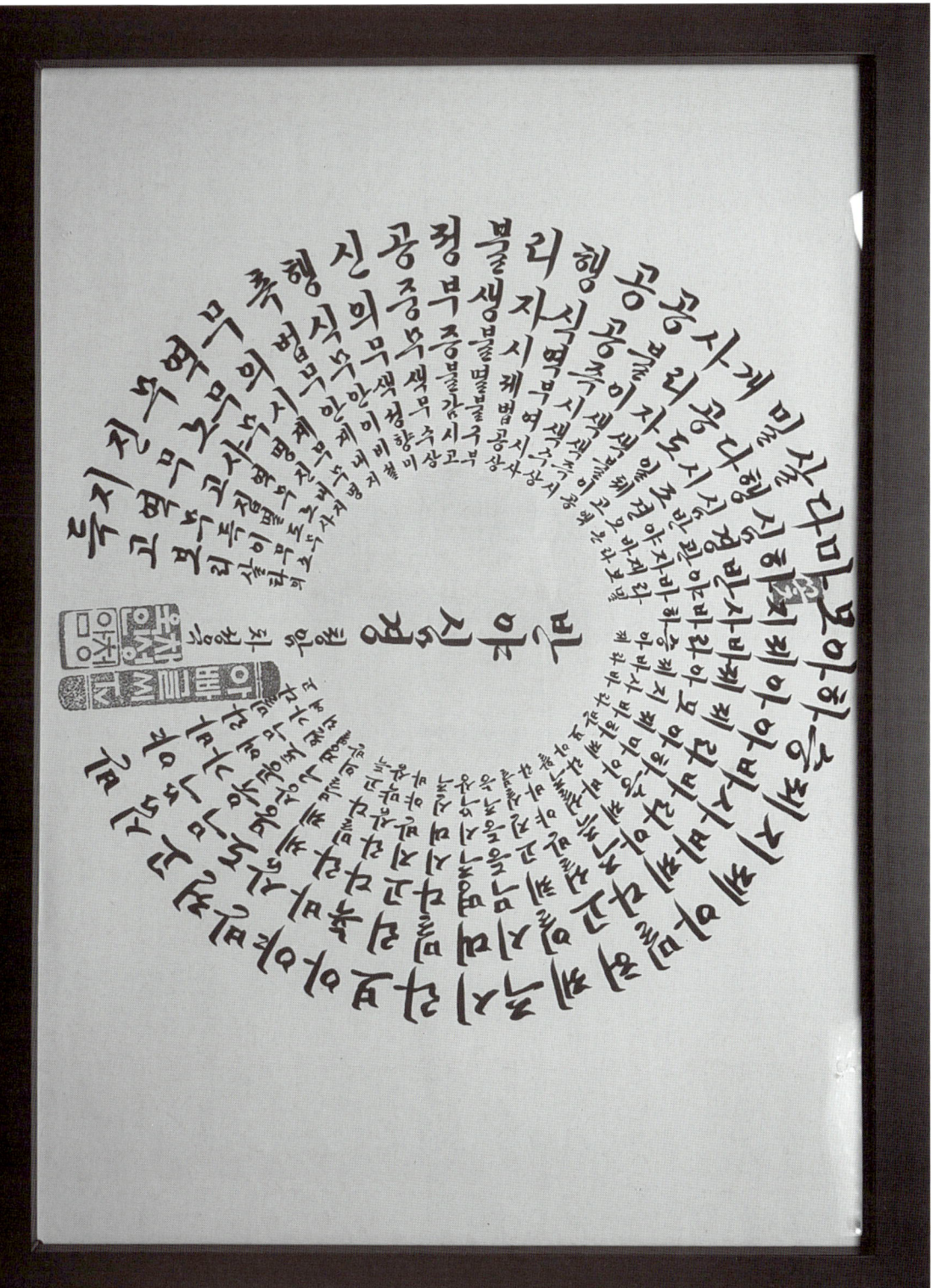

3. 기타 작품들

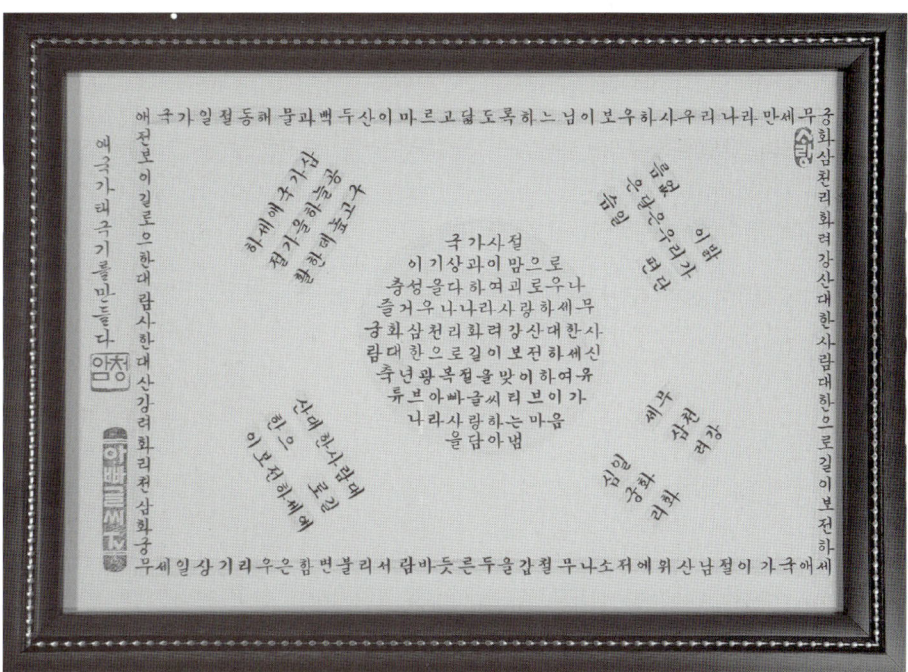

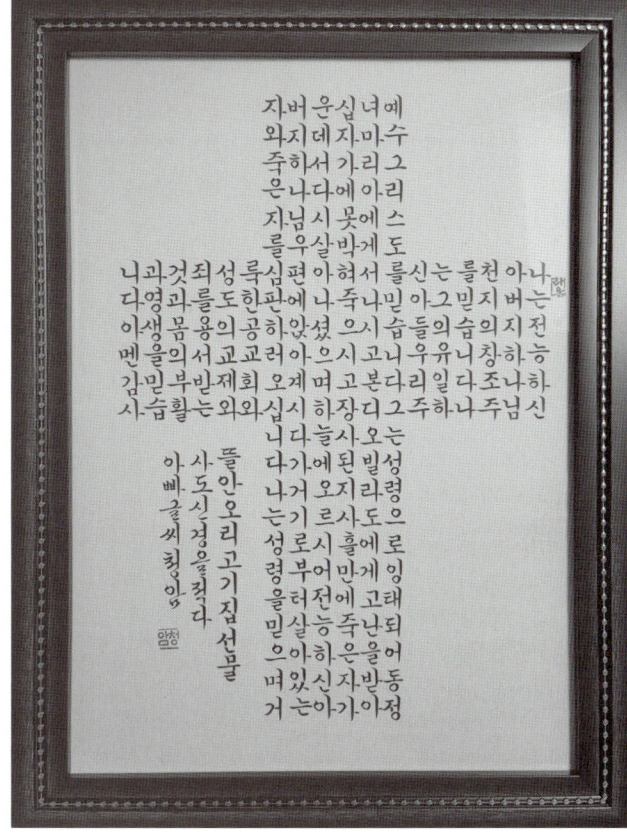

처음 글씨를 배울 때에는 모양과 형체를 정확하게 알기 위해 무조건 큰 글씨로 시작해야 합니다. 그래서 저는 붓펜으로 최고 크게 적을 수 있는 칸 공책을 고민하다가 5칸으로 된 공책을 선택했습니다.

큰 글씨를 확실하게 배우면 글씨의 모양과 형태를 정확하게 알 수가 있어서 작은 글씨도 혼자 쉽게 적을 수 있지만, 작은 글씨부터 배우게 되면 글자의 세밀한 모양과 형태를 익히지 못하여 큰 글씨는 쓸 수가 없고 그냥 겉모양만 배우게 됩니다.

붓펜 글씨는 일반 펜글씨와는 다르게 완성하는 기간이 조금은 오래 걸립니다. 하지만, 제 교본을 꾸준하게 따라온다면, 언젠가는 모두 정상에서 만나집니다.
온라인 강의를 같이 들어보면 이해가 훨씬 빠르고 도움이 많이 됩니다. 온라인 강의는 이 책의 내용과 진도가 똑같아서 보기에도 편할 것입니다. 액자에 작품을 담을 수 있는 날까지 포기하지 말고 꼭 완주하길 바랍니다.

작품을 다 쓰고 원하는 낙관으로 마무리를 한다면 이보다 근사한 일이 또 있을까요? 정말 가슴 벅차고 가슴 떨리는 날이 될 것입니다. 또한, 교본 책을 모두 끝난 다음에도 제가 운영하는 네이버 카페 **「악필 교정 글씨 교정 청암체 연구소」**에 가입해서 얼마든지 질문하고 소통할 수 있는 장을 만들었습니다. 독자님들을 특히 배려하는 카페로 운영하겠습니다.
더불어, 저의 유튜브 채널 **「아빠글씨TV」**에서도 많은 작품과 글씨 강좌를 하고 있으니 참조해도 됩니다. 당연히 온라인 강의는 유튜브에서는 볼 수 없는 더 상세하고, 양념을 더 추가한 영상이 될 것입니다.

도전은 정말 아름다운 것이고, 한번 배워두면 평생 좋은 친구와 동반자가 되리라 확신합니다. 항상 청암체 붓펜이 응원하고 함께 하겠습니다.
감사합니다.